半世紀の反省から生まれた

仕事に役立つ知恵

知っていれば得する
無事故・無災害　そして
品質・生産性向上を実現するこつ

早川利文
Hayakawa Toshifumi

風詠社

はじめに

　退職後に自由な時間ができ、安全や品質、脳科学、心理学などの書物を読むと、過去の仕事のやり方を反省することが多く、「こんな考え方もある」「こうしていたらよかった」「あーしていたらよかった」との思いが頭に浮かび、この本を執筆するきっかけになっている。タイトルに"半世紀の反省から生まれた"と付けた理由でもある。

　次に、章ごとの要点を紹介する。

第1章　過信は禁物　人は簡単にミスをする　ミスを憎んで人を憎まず

　人は、簡単にミスをすることを実感してもらうため、いくつかの実験結果や事例を紹介すると共に、人間の認知・行動メカニズムの中にある様々な要素で発生するミスについて解説を加えている。「ミスを憎んで、人を憎まず」の気持ちが芽生えてほしいと思い、まとめた章である。

第2章　集中力を味方に

　集中力に関係する理論を取り上げた。ながら作業や無意識による集中力の低下で起こる作業ミス。そのミスを防ぐ対策として、分業化や見せる化の要領を説明しており、未然防止策として、安全や品質活動に役立てて頂きたい。

第3章　人を育てるこつ　どんな業務でも人づくりが基本

　人を着実に育てるには、「感覚系回路（入力）と運動系回路（出力）をバランスよく連動させる教育と訓練が重要であること」「学習定着率を高めるには、能動的な学習が効果的であること」「業務を遂行する能力として大きな比率を占めているEQ（知的指数）とSQ（社会脳）を

伸ばすこと」そして、最優先すべきは、「一人ひとりの倫理観を醸成することをなどの重要ポイントがあり、その具体的な学習方法として、私がコンサル業務で実践している講座の事例を盛り込んだ内容としている。

第4章　働き方改革にモチベーション（やる気）アップは欠かせない

　この章では、モチベーションアップに関わる理論や法則についてまとめている。モチベーションは、品質向上だけでなく、“生産性（成果）＝やる気×能力”の式が表すように生産性向上に直結する。働き方改革にモチベーションアップが欠かせない理由である。また、信頼関係を構築するための“アメとムチの法則”や“心理的リアクタンス”など、リーダーが覚えておくとスムーズなコミュニケーションに役立つ理論と法則を解説している。

第5章　日常管理の先取りが無事故・無災害を実現する

　無事故・無災害の実現には、先取り（未然防止）が重要であり、先取りの方法として、日常管理で成果を実感した「先輩語録10ヶ条」、安全活動・品質管理の心得帖である「報・連・相」5訓、「思・聴・考」5つの姿勢を紹介している。そして、その効果を十分に発揮するには、リーダーの率先垂範、言行一致、繰返し（単純接触効果）が鍵になることを忘れてはならない。

第6章　品質不具合ゼロへの挑戦

　良品100％の実現を目指す良品条件アプローチや多重チェックの落とし穴をまとめた。ものづくりに携わるリーダーなら誰もが興味を持つタイトルと内容ではないだろうか。また、至る所にあるトレードオフについては、私が現役時代に体験した失敗がベースにある。どんなトレードオフがあるのか、理解を深めることが同じ失敗をしないための対策になる。

第7章　仕組みとチェックシートに頼り過ぎは危険！

　増え続ける仕組みとチェックシートにどのように対応すべきか、悩んでいる職場や人が多いのではないか。私もその一人であった。そんな思いから、ひとつの章としてまとめた。不具合の対策として、本質的な対策をせず、安易に仕組みやチェックシートに頼り過ぎることは危険である。"必要な時に、必要な物を、必要なだけ"の精神で最適化に取り組んでほしい。

第8章　難題の解決に役立つ思考法と発想法

　思考法と発想法に関連する様々な書物を読んで、「仕事の一流、二流、三流は、思考と発想の差である」と考えるに至った。そこで私なりに業務に役立つと考えた思考法と発想法をまとめてみた。特に、潜在意識を活かす方法は、成果につながるアイデア出しに役立つはずである。

　本書の要点を一言で表したのが、サブタイトル　"知っていれば得する無事故・無災害　そして　品質・生産性向上を実現するこつ"である。
　こつとは、先人の知恵が詰まった理論と法則である。読者が、それを理解し仕事で実践することで大きな成果を出すことを期待している。

2021年10月　早川利文

目次

第 1 章

過信は禁物

人は簡単に
　ミスをする

ミスを憎んで人を憎まず

1 ミスのし易さを実感しよう

次の文章を読んで下さい。

> かていさいえん　はじるめならいまでしょ！
> こまなつ　ぶろっこりー　ほうれんそう　かりらふわー
> いろなんやさいをべきんょうして
> たのくしつくろう！

　無意識に読むと、文章中の誤りに気が付かない。この文書を使い、人は簡単にミスをすることを実感してもらうために次のような体験実験をした。

■**体験実験・其の一**

　文章をスクリーンに見せて、すらすらと次のように2回読む。

　「かていさいえん　はじめるならいまでしょ　こまつな　ぶろっこりー
　ほうれんそう　かりふらわー　いろんなやさいをべんきょうして
　たのしくつくろう」

　被試験者は、20名〜50名／回の人数で5回実験をした。毎回参加メンバーを変えている。

　2回読んだ後に、見せた文章との違いが何ヶ所あるかを答えてもらうと、1ヶ所、2ヶ所と答える人は少ないが、3ヶ所、4ヶ所、5ヶ所と答える人が最も多く、正解の6ヶ所と答える人は、全体の2、3割程度である。

　ミスのしやすさには、個人差があることを自覚してもらうための体験

である。この体験をすることで、答えを間違えた人は、<u>自分のミスのし易さが実感できる。</u>そして、正解を答えた方でも、かなり集中しないと簡単にミスをすることが体験できる。

　6 ヶ所の間違いは以下の通り。

かていさいえん　はじる①めならい②までしょ！
こ②まなつ　ぶろっこり①ー　ほうれんそう　かりらふわ③ー
いろなん④やさいをべきん⑤ようして
たのくし⑥つくろう！

　人間の認知・行動メカニズムは、外部からの情報・刺激を五感で"知覚"し、その後"記憶"から必要な情報を引き出し、"認知""判断""行動"のルートを経て動作・操作の出力になる。

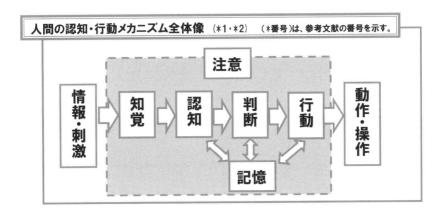

　"注意"は、各要素が正しく機能するように注意を傾けるための要素である。

認知・行動メカニズムの入力から出力まで様々な要素があり、<u>どの要素でエラーが発生してもヒューマンエラーとなる</u>。<u>人が簡単にミスをする理由がそこにある</u>。

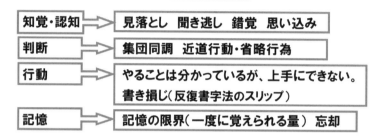

■体験実験・其の二

次の文字で日本語にない単語はどれか答えて下さい。

> # にんじん　こまつな　ほうれそんう　キャベツ

考える暇をあたえず、答えてもらうと、多くの方が "キャベツ" と答える。

キャベツは外来語であるが、日本語である。答えは "ほうれ<u>そんう</u>"。

"にんじん" "こまつな" と野菜の名前が二つ続いた後に出てくる言葉は、ほとんどの人が "ほうれ<u>そんう</u>" を "ほうれ<u>んそう</u>" と読んでしまう。一文字ずつ読めばだれでも正確に読むことができるが、急いでいると簡単に間違える。

先に行った処理が、次に行う処理に影響を与える **"プライミング効果"** や周囲の環境によって意味合いなどが変化する心理現象 **"文脈効果"** が関係する。

■体験実験・其の三　人は簡単に誘導されることを体験してもらう実験

次の（1）、（2）、（3）の順に質問に答えてもらう。

（1）エチオピアは何大陸にありますか。

　　答えは、アフリカ大陸ですね。

（2）チェスで使われる色は何色と何色ですか。

　　答えは、白と黒ですね。

（3）思い浮かんだ動物の名前をあげて下さい。

（3）の答えの分析結果

被試験者は、22 名。質問の答えは次の通りになった。

・しまうま　　　　　　　　　　：（1）と（2）の答えに誘導された。
　　　　　　　　　　　　　　　　12 名　54％

・アフリカの動物（ライオンなど）：（1）の答えに誘導された。
　　　　　　　　　　　　　　　　4 名　18％

・パンダ　　　　　　　　　　　：（2）の答えに誘導された。
　　　　　　　　　　　　　　　　3 名　14％

・その他の動物（犬・猫など）　：誘導されていない。
　　　　　　　　　　　　　　　　3 名　14％

　86％の人が(1)と(2)の質問に答えたことで(3)の答えを誘導されている。これは **"プライミング効果"** による誘導である。この実験から分かるように、アンケートでも質問の仕方により答えが誘導されることがあり、注意が必要である。

2 会話のすれ違い ～コミュニケーションエラー

2－1 簡単に起こるコミュニケーションエラー

■言葉だけで伝える情報は、想像する図形がばらばらになる体験実験

次の①～③の図形を順番に描いてもらう。皆さんも描いてみて下さい。

> ① 四角形を描いて下さい。
> ② 四角形の<u>上に</u>三角形を描いて下さい。
> ③ 三角形に<u>接して</u>円を描いて下さい。

皆さんは、どんな図形を描きましたか？　この図形を描いてもらう体験実験をした結果、次のようになった。

① 四角形を描いて下さい。

四角形は、平行四辺形、台形、菱型など様々な四角形があるが、全ての人が正方形を描く。

つまり、四角形＝正方形という共有知識になっているので、正方形を描いてもらう場合は、四角形と言っても正しく伝わる。

一方で、菱型を描いてもらいたい場合は、四角形と言っても正しく伝わらない。

② 四角形の<u>上に</u>三角形を描いて下さい。

三角形の描き方は、2通りになった。

一つの描き方は、家の屋根のように描く人。

もう一つの描き方は、四角形に重ねて描く人。

"四角形の上" が家の屋根のように上なのか、四角形に重なって上なのかを伝えないと正しく伝わらない。三角形は直角三角形や不等辺三角形などもあるが、多くの人が正三角形を描き、一部の方が二等辺三角形を描いた。

③　**三角形に接して円を描いて下さい。**

三角形に "接する円" の描き方は、下図の4通りになった。

結果的に描く図形は、①〜③の組合せになるため、様々な図形が描かれる。

この体験実験で、言葉（言語情報）だけでは、参加者それぞれが想像する図形が異なり、コミュニケーションエラーが簡単に起こることが理解できる。言語情報だけで伝えるメールで、会話のすれ違いが起こり易い理由でもある。

実験で描かれた図形

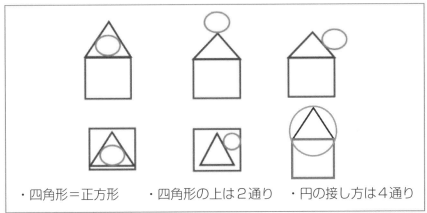

・四角形＝正方形　　・四角形の上は2通り　　・円の接し方は4通り

このようなコミュニケーションエラーを防ぐには、手紙を書く時のように相手の立場になって分かり易く伝える必要がある。メールでは、言語情報だけでは伝わりにくい感情を表現するのに、絵文字などを使う方法がよく使われるが、会話のすれ違いを防ぐのに効果的な方法である。

　そして、最適な伝え方を考える力（客観的に物事を捉える力）、メタ認知能力が重要となる。（「 16-2 メタ認知能力の向上」で解説）

2-2　コミュニケーションに大切な共有知識

共有知識が少ないことで起こる身近なすれ違い

奥さんに頼まれ、ご主人が買い物に行きました。
頼まれたはずのキャベツを買ってきたのに、奥さんは怒っています。
なぜ？

奥さん　当然、スーパーのひと玉 “150 円” を買ってくると思っていた。

ご主人　キャベツの値段など知らない。スーパーに行ったこともない。
　　　　近場のコンビニで一袋 “150 円” の千切りキャベツを買った。

（問題）“キャベツの購入場所、価格” が共有知識になっていない。

　固有知識が高くても、それぞれが孤立している状態では “大きな力” にならない。一人より二人、二人より三人の知恵が勝る。

　個々の能力（固有知識）が高いのは必要条件であるが、組織力を発揮するには、メンバー間のコミュニケーションがスムーズにできることが重要である。

そのためには、組織のメンバーの"共有知識"を高める必要がある。

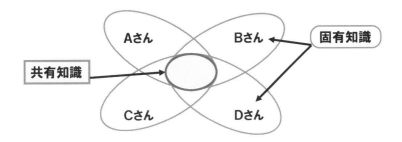

組織の共有知識を多くすることが、コミュニケーションをスムーズにし、豊かな発想を生むためには重要である。

新規事業などのプロジェクトは、様々な固有知識を保有するメンバーを集める必要があり、プロジェクトの成否は、そのメンバーの共有知識を多くすることが鍵となる。

2-3　一度理解すると、その知識が当り前になる！

～ベテランが技術・技能を伝承する時に注意しなければいけないこと～

　年齢差や経験差などで、共有知識が少ない相手（若手とベテランなど）との会話では、ベテランの固有知識なのに共有知識と勘違いしている当り前の知識が存在する。

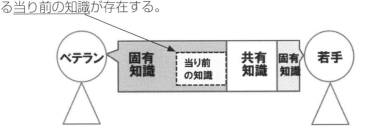

　ベテランが若手の知識レベルに合わせた会話をしなければ、コミュニケーションエラーが発生する。特に専門用語や職場特有の略語（造語）には注意が必要である。

この絵柄は何でしょうか？

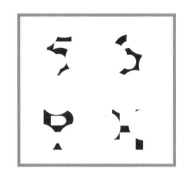

　この絵柄を何かの図形と思い込むと、何が書いてあるのか分からない！

　これは図形ではなく、4つの文字 "5, 6, B, H" が、右のように部分的に "○" で隠されている。

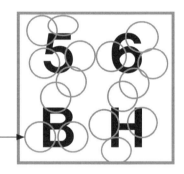

　再度、最初見せた絵柄を見せると、今度は直ぐに5, 6, B, Hと分かる！

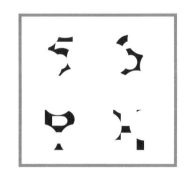

　次から何度見ても、5, 6, B, Hと分かるようになる。また、なぜこんな簡単な答えが分からなかったのかが不思議になる。人は一度理解すると、分からなかった時のことを忘れる。だから、ベテランになると気付かずに当り前の知識が増える。

　指導者として自分が教える立場になった時、過去に苦労して覚えた難しいことでも、時間の経過と共に簡単に理解できるものとして教えるので、共有知識が少ない相手には理解できないことがある。

　次のベテランと若手の会話は、実際に作業現場であったコミュニケーションエラーの事例である。（当り前の知識がコミュニケーションエラーの原因となっている）

ベテランと "さらネジ" を知らない若手との会話

| ベテラン | 「さらネジ 10 個とってきてくれ」
| 若手 | 「分かりました」
| | しばらくして・・・・・・
| 若手 | 「さらネジとってきました」
| ベテラン | 「おまえ、これは "なべネジ" だろ！」
| 若手 | 「先輩、よく見て下さい。"まっさらなネジ" です」
| | ・・・・・・・
| ベテラン | 「う～ん "まっさら" ね～」

解説

　ネジの頭がふっくら丸くなっているのが "なべネジ" で、ネジの頭が平らになっているのが "さらネジ" である。身の回りでもこの2種類のネジがよく使われている。

　ベテランからすると「"なべネジ" と "さらネジ" の違いなどは当然知っているはず」と思って指示をしたのだが、パソコンとスマホで育った 20 代の若手には、その知識が全くなかった。そして、若手は "さらネジ" の知識がなかったために
　"さらネジ" ＝ "まっさらなネジ" ＝ "新しいネジ" と理解した。

　ベテランが当り前に使っている用語で説明しても、若手に伝わらないことがある。業務経験差があればあるほど、このコミュニケーションエラーは起こり易い。

　最初から全てを知っている人、理解している人はいない！　ベテラン

は、若手の知識レベルを考え、常に分かり易い説明を心掛けることが重要である。

3 無意識が生み出す錯覚・思い込み

3−1 情報の多さは、ミスの元

　図のように書かれた「多」という文字を短時間見た時は、文字であることを認識できるが、無意識に数分間見続けていると、文字がバラバラに見えることや、記号や絵のように認識してしまう。

　文字全体の構造を見失ってしまう感覚が、文字の"**ゲシュタルト崩壊**"である。ゲシュタルトは、ドイツ語で"形・形態"を意味する。

　この現象は、文字（視覚）だけでなく聴覚や触覚でも発生するが、認知心理学では、文字の"**ゲシュタルト崩壊**"の現象をいう場合が多い。

　"**ゲシュタルト崩壊**"を起こしやすい文字は、「傷・借・多・野・今・粉・を・ル」などがある。

　文字の細かい掲示物が多い職場の掲示板、現場のいたるところにある注意書きや工作機械が動く度に鳴り響く様々な警報音など、注意しなければいけないことが同時に複数あると、注意が散漫になり、集中力を失う原因になる。

　それを避けるために、整理・整頓・清掃の徹底や効果がない警報音の抑制、掲示物は "必要な時に、必要な物を、必要なだけ" 掲示するように心掛けなければならない。

3−2　身近な数字の錯覚

（1）"心理的財布""努力の正当化"に気を付けろ！

　産業心理学者の小嶋外弘氏が提唱した理論に "心理的財布" というものがある。日常的に起こる錯覚で人の "ヒューリスティックス" が関係する。

> **補足**
>
> 　ヒューリスティックスとは、人が判断をする時に、厳密な論理で一歩一歩答えに迫るのではなく、直感で素早く答えを出すことをいう。

　1000 円と 950 円のメーカーの異なる同じ食材があると、その 50 円の差がやたら気になる。ところが、1 万円の洋服になると 50 円の差などは気にならない。このような現象を "心理的財布" という。心の中には複数の財布がある。日用品を買う財布、趣味に使う財布、教育費の財布、家のローンの財布など様々な財布がある。

　業務においても同様の現象が見られる。製品原価 100 万円の原低（コスト削減）に知恵を絞り出し 10 万円を達成した。意識に残る 10 万円である。一方、製品原価 1 億円のシステムで 10 万円のコスト増加（不具合によるロスコストなど）は余り気にしない。

金額が同じ10万円でも2つの"心理的財布"、"原低の財布"と"損失の財布"が異なるために起こる現象である。

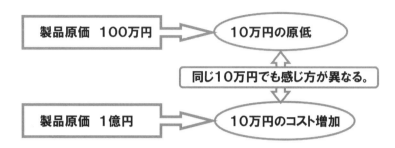

　また、結果が同じでも費やした時間と労力が大きいほど価値を感じる**"努力の正当化"**（原低する労力の方が大きい）も関係する。

　更に、製品原価100万円と原低10万円の<u>比率10%</u>、製品原価1億円とコスト増加10万円の<u>比率0.1%</u>の比率差も影響している。

　"アンカリング効果"である。

（2）アンカリング効果　　　　補足　アンカーとは船の錨^{いかり}のこと。

　"アンカリング効果"とは、提示された特定の数値や情報が印象に残って、それが基準となり、判断に影響を及ぼす心理現象のこと。

数値の大きさが判断に影響する実験

実験内容　毎日見ている硬貨（500円、100円、50円、5円、1円）の大きさを思い出して紙に円を描き、現物の硬貨と描いた円の大きさを確認してもらう。

【実験結果】　金額につられて1円玉を極端に小さく描く人がいた。

| 500円 | 100円 | 50円 | 5円 | 1円 |

> **【アンカリング効果による錯覚を使った商品価格の表示の事例】**
>
> **通常価格 58,000 円 → 特別価格 30,000 円　（大幅値引き）**
>
> 通常価格 58,000 円という情報が基準（アンカー）となり、特別価格 30,000 円が、"28,000 円の値引"と、お買い得に感じられる。

（3）心理的おとり

　次のケース１（３つのマンション）の中から、<u>部屋の広さと会社からの距離を重視して</u>、自分の住むマンションを選んで下さい。

　このケースでは、<u>会社からの距離が近いマンションＡを迷わずに選択する人が多い</u>。

　では、次のケース２（２つのマンション）ではどうだろうか。

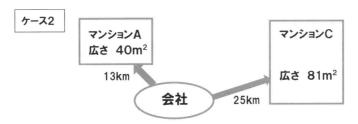

　マンションＣは、マンションＡと比較すると、<u>部屋の広さも会社からの距離も約倍</u>になっており選択に迷うはず。ケース１の場合、マンションＢは明らかにマンションＡよりも条件が悪いので、最初から候補にすべきではないのだが、マンションＢを候補にしたことで、マンションＡ

を選択してしまう。これを"心理的おとり"という。

これも心理的財布と同様に"ヒューリスティックス"が関係する。

<u>事業戦略を複数検討して選択する場合に同じような現象が起こり易い。</u>

この心理現象を使うと、どうしても通したい提案がある場合、敢えて複数の提案の中に"心理的おとり"を入れておくと、その提案の通る可能性が高くなる。逆に提案を聞く側は、"心理的おとり"に注意が必要となる。

（4）もったいないが失敗の元　サンクコスト（Sunk Cost：埋没費用）

サンクコストは、沈んでしまって取り返すことができない費用のことをいう。既に支払ってしまった費用、過去の時間は、サンクコストである。サンクコストは、回収不能と分かった時点で諦めればよいが、今まで投資した費用が無駄になるのがいやで、追加投資の誤った判断をしてしまう。これを"サンクコスト効果"または"コンコルド効果"と呼ぶ。

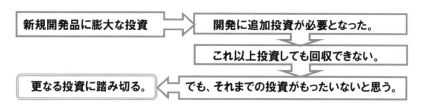

サンクコストは、私たちの仕事や日常生活のあらゆる場面で発生する。追加投資が必要となった時点で、投資対効果に対する冷静な判断が必要となる。

<u>事業では"選択と集中"を迅速に行うことである。</u>

解説

■コンコルド効果と呼ばれる理由

コンコルドは、イギリスとフランスが共同開発を始めた超音速旅客機である。マッハ2で飛行する夢のような乗り物になるはずだっ

た、僅か16機だけの製作で事業から撤退した。

　コンコルドが完成する前の段階で「商業的に利益を出すのは難しい」ということは分かっていた。だが、コンコルドの開発には既に莫大な資金が投じられていたため、完成させても採算の目処が立たないにもかかわらず、更に追加資金を投資してしまった。まさに、負けると分かっていても、後に引けないプライドのようなものが要因となって大きな損失を生んだ事例である。

■選択と集中

　選択と集中とは、多くの事業や製品を扱っている企業が、中核となる事業や製品の見極めと選択を行い、経営資源を集中することで経営の効率化や業績向上を目指す経営戦略をいう。

3−3　錯覚、思い込みによる伝達ミス

【飛行機の事例】

　離陸許可がそろそろ出ると思っている時に、管制官が何か言ってくると、離陸許可に聞こえる。

【事故の発生事例】

"Stand by take off"（離陸に備えよ）が "Take off"（離陸許可）に聞こえる。この聞き間違いで、離陸許可なしで滑走路に進入し、大事故になった事例がある。

【病院の事例】

　Ａさんが病院で受診のために長時間待たされている時、看護師さんに "Ｂさんですか" と聞かれると、違う名前なのに「はい」と返事をする。長時間待たされていることが影響し、他人の名前でも自分の名前に聞こえてしまう。

期待を込めた聞き取りでミスをすることを "**ウィッシュフル・ヒアリング**" と言う。医療現場では、患者の取り違えや医薬品の投与などのヒューマンエラーの原因にもなっている。

3－4　錯覚・思い込みによる伝達エラーの対策

　伝達エラーが起こり易い言葉を使わないようにする。例えば、飛行機では "離陸" 以外では "Take off" を使わないことを勧告している。それ以外に情報の伝え方の工夫として、"声出し確認""復唱""確認会話" などがある。

（1）情報の伝え方の工夫　"声出し確認"

　飛行機のコックピット内では、チェックリストのチェック項目を副操縦士が読み上げ、機長が状態を確認して応答する。また、操作をする際、機長と副操縦士との間で、必ず操作内容を声に出して確認しあっている。
　現場作業でも "声出し確認" が浸透しているが、作業毎に効果的な "声出し確認" の要領を工夫して実行することが大切である。

【病院でのウィッシュフル・ヒアリングの対策事例】
① 患者さんに「○○さんですね」と聞くのではなく、「お名前は？」と、名前を聞いて確認をする方法やフルネームや生年月日での確認などを行うことで、患者の取り違えミスを防いでいる。
② 医薬品の名前や投与のタイミングについても、看護師と患者の二人で確認する患者参加型医療安全対策を実施している。

（2）声出し確認の一つ　"復唱"

　重要作業で確実に作業内容などの伝達が必要な場合、"復唱" を当り前にすることが大切である。することは簡単であるが、効果は絶大である。

【復唱の事例】　Ａ担当が、電話番号　５８２７－６３××　を口頭
　　　　　　　　で伝え、H担当がメモを見ながら復唱する場合

H担当	復唱します。ゴーハチニーナナ・ロクサンバツマル。
A担当	ロクサンバツマルではありません。
	修正をお願いします。ロクサンバツバツです。
H担当	修正します。ゴーハチニーナナ・ロクサンバツバツ。

　医師から看護師への指示、管制官からパイロットへの通告などの際、
"復唱" を怠った為に発生した重大事故事例は多い。

4　記憶と忘却

　業務をこなす上で、覚えておかなければいけない様々な規定、注意事
項や重要事項などがある。その内容を伝達する上司は、記憶や忘却の理
論・法則を理解していると、相手の記憶に残り易い伝達を工夫すること
ができるようになる。

4－1　やる気と集中力と記憶力

　脳は、様々な情報を選択、整理しているが、忘れる仕組みを大切にし
ている器官である。それが直ぐに忘れる理由である。そして、やる気が
あると集中力と記憶力はアップするが、逆に無意識に見ている時や、や
らされ感があると集中力が低下し、記憶に残りにくくなる。やる気は、
集中と記憶力アップの促進剤のようなものである。

4−2　人が一度に覚えられる量　マジカルナンバー４±１

　2001年に心理学者のネルソン・コーワンが"**マジカルナンバー４ ±１**"を提唱した。マジカルナンバーとは、人間が瞬間的に記憶できる短期記憶の限界数を示したものである。また、４±１は、チャンク数を表している。

補足

◇短期記憶とは、数秒から数分で忘れる記憶のこと。

◇チャンクは、文字、数字の塊をいう。ハイフンで分けるのが一般的である。＊−＊は、２チャンク。＊−＊＊−＊は、３チャンク。電話番号（＊＊−＊＊＊＊−＊＊＊＊）は、３チャンクである。

◇1956年、ミラー（Miller）が"マジカルナンバー７±２"を提唱しているが、"４±１"が短期記憶として覚えられる数としては妥当と考えられている。

　次の４つの野菜を覚えて下さい。

なす　　とまと　　きゅうり　　にんじん

　４±１チャンクだと覚えやすいのが実感できると思う。

　顧客に商品の特徴などを説明するのにも多くのメリットを伝えたい気持ちは分かるが、"４±１"のキーワード（チャンク）が、記憶に残り易い。

4－3　最初と最後が記憶に残り易い

（1）初頭効果　1946 年、ソロモン・アッシュによって提唱された。

最初の言葉が印象に残る現象を“**初頭効果**”という。

■**実験事例**　ある人物の性格を表す言葉を2パターン用意し、それぞれ
どんな印象を持ったのかを確認する。

A	知的・勤勉・衝動的・批判的・頑固・嫉妬深い
B	嫉妬深い・頑固・批判的・衝動的・勤勉・知的

Aは、ポジティブなよい印象を持ち、Bはネガティブな悪い印象を
持った。この実験から、最初の言葉（Aは、知的・勤勉、　Bは、嫉妬
深い・頑固）で受ける印象により、全体の印象が変わることが分かった。

（2）系列位置効果（＊2）

十数個の単語など、リスト化されたものを記憶する時、リストに記載
されている位置（系列位置）によって記憶保持（再生率）に差が出る。

最初に提示された情報は、何度も頭の中で復唱されることから長期記
憶となり、忘れにくく再生率は高くなる。これも“**初頭効果**”という。

最後に提示された情報は、一番新しいために短期記憶となり、記憶直
後の再生率は高くなる。この現象を“**新近効果**”（残存効果）という。

“**初頭効果**”“**新近効果**”は、文字情報だけでなく、視覚・聴覚・嗅覚
などにも認められている。

系列位置曲線には、記憶直後に再生した直後再生（──）と、記憶直
後に課題（暗算など）が提示された場合の遅延再生（……）の曲線があ
る。遅延再生の曲線は、新近効果が短期記憶のために記憶した後に時間
をおくと（別の課題提示）、再生率が低下することを示している。

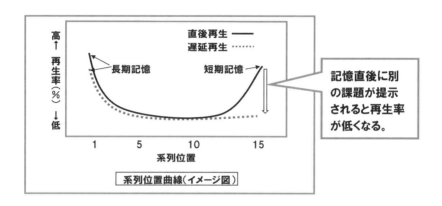

系列位置曲線（イメージ図）

　短期記憶と長期記憶は、1968年にリチャード・アトキンソンとリチャード・シフリンによって提唱された。

　話が終わった直後、最後の部分はよく覚えているのは**"新近効果"**によるものである。従って、コンクールや競技会などでは、終了直後に採点するので最後に出た方が優位になる。

　"初頭効果""新近効果"は、ビジネスでも様々な場面で役に立つ。例えば、提案資料を説明する時、最初と最後に相手の印象に残したいアイデアなどを伝えると、効果的なプレゼンテーションになる。

　また、朝礼で伝えたい注意事項や、会議で参加メンバーの記憶に残したい重要事項がある場合も、最初と最後を意識して話をすると効果的に伝達することができる。

4－4　エビングハウスの忘却曲線

　心理学者のヘルマン・エビングハウスが、人間の忘却についての実験結果を 1885 年 に論文で発表した。

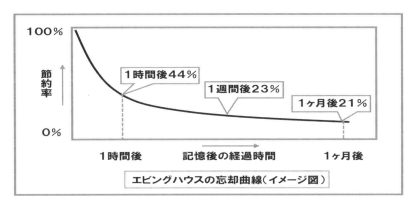

エビングハウスの忘却曲線（イメージ図）

　実験では、覚えようとする人に何の興味もない情報を短期記憶として暗記させ、時間をおいて再度覚え直す。最初に覚えるのに必要だった時間と、時間をおいて再度覚え直すのに必要とした時間差に着目する。

　当然再度覚え直した時間は節約されている。それを節約率と称し、式で表すと以下の通りになる。

節約率＝ (節約された時間または回数) ÷ (最初に覚えるのに要した時間
　　　　　　　　⇩　　　　　　　　　　　　　　　または回数)
(節約された時間または回数)＝(最初に覚えるのに要した時間または回数)
　　　　　　　　　－(再度覚え直すのに要した時間または回数)

　例えば、最初に 100 回で覚えた記憶を 1 時間後に 56 回で覚えたとすると、節約された回数は、100－56＝44 回、節約率は（44／100)×100＝44％となる。

　忘却曲線では、日数が経過するほど節約率が下がる。つまり、覚えるのに反復回数や記憶する時間が掛かることになる。従って、記憶の保持

率、忘却率ともいえる。

> **記憶に残り易い伝達の仕方**
>
> 　現場の朝礼などで伝えたい重要な項目は、**"マジカルナンバー4 ± 1"**、**"系列位置効果"** で解説した最初と最後、**"エビングハウスの忘却曲線"** の節約率を考慮した繰り返しの伝達を意識すると、作業者の記憶に残り易い。

4−5　展望的記憶

　後でしようと思ったことを記憶する。この記憶を **"展望的記憶"** という。「このくらいのことは覚えているだろう！」と思っていても、すっかり忘れる。そんな経験はだれもがあるはず。展望的記憶は、ミスの原因にもなる。思い付いたら、直ぐに実行することが基本である。とは言え、どうしても後回しにしなければならないこともある。その場合は、思い出す手掛かりを残すことが対策になる。

■会社の帰りに明日の朝食のパンを買おうとする場合

　毎日買っているパンなら思い出すのは容易だが、時々買う場合は、忘れやすい。

　展望的記憶を思い出すのは、記憶の仕組みから言っても難しい。その理由は、記憶のプロセスにあり、記憶する→保持する→思い出す、のどの要素が欠けても記憶にならないためである。

　そして思い出すには、はっきりした手掛かりが必要である。

■記憶の思い出し方

自動処理	思い出したいものと強く結びついた手掛かりがあれば、自動的に思い出す。
制御処理	頭の中で、すべきことを繰り返して思い出し続ける。でも、人は同じことを意識し続けるのが苦手なので、難しい記憶方法である。

　展望的記憶は、制御処理で思い出すことは難しいため、自動処理（思い出す手掛かりを用意する）にする必要がある。よく使われるのがメモや付箋紙、ホワイトボードの隅に書きとめる方法であり、これをパーキングロット（話題を一旦保留にする）という。

私の思い出す手掛かり　　翌日、家から会社に持っていく物がある時
　通勤時に必ず見る定期に付箋紙を貼っておくと効果抜群である。

　思い出すきっかけを与えてくれるものを、外部記憶補助という。

4-6　作業の中断はミスの元

（1）作業の中断で失われる記憶

> 【事故事例】　2015年に発生した医療事故
>
> 　亡くなった患者Ａさんは、多臓器の障害がある重篤な病状で、点滴と人工呼吸器が必要な状態だった。内服薬は、専用の注入器具で鼻から胃へと投与していた。
>
> 　看護師がＡさんのための内服薬を準備したが、電話対応のため作業を中断し、準備した薬を作業台の上に置いた。作業を再開しようとして、作業台に置いたＡさんのを取ったつもりであったが、誤って近くにあった別の患者Ｂさんの薬を取ってしまった。そして、薬の確認をしないまま、ＡさんにＢさん用の薬を注入した。
>
> 　薬の誤った注入が、死亡に影響したかどうかの判断は難しいとしているが、誤った注入というミスに対して、業務改善の必要性を発表している。

　時間の経過とともに記憶は失われる。つまり、中断時間が長くなればなるほど、ミスの発生度合いが高くなる。

　ビジネス誌『Fast Company』が紹介した研究によると、一度中断した作業に戻るには、平均で23分15秒かかるとのデータがある。(＊3)
「 4-4 エビングハウスの忘却曲線」が示すように、時間が経過すると再度覚えるのに時間が掛かるためである。また、「単純な作業ほど中断による記憶保持率が減少する」との研究データもある。

　これらの研究から、作業途中における電話などの会話、ミーティング、来客対応などによる作業の中断は、中断時間以上に作業遅延をもたらし、更に集中力を低下させ、ポカミスの原因となるため、未然防止策が重要である。

（2）作業中断に関する対策

①　作業中断を回避する対策

　連絡事項は、作業開始前か終了後に行い、作業中断が発生しないような対策をする。特に集中が必要な時間帯があれば、周囲の第三者に集中が必要な作業をしていることを知らせる表示（例 "声掛け禁止" など）を行う。

②　作業中断がやむを得ない場合の対策

　　◇中断後の作業開始箇所が分かるような仕掛けをする。

　　　「 4-5 展望的記憶」で解説したパーキングロットが一つの方法である。

　　◇作業で使用している工具をセンサーで自動検知し、手順が誤ったら表示器などで表示すると共に警報を発生して知らせるシステムを導入する。

③　作業中断で起こりそうなミスを洗い出し、未然防止策を実施する。

【作業中断によるミス防止策の事例　～ネジの締め忘れ】

◇ネジの数を減らした構造、できればネジを使わない構造にする。

◇最初に取り付けるネジの数量分のみを準備しておき（段取り）、作業後にネジが残っていたら取付けもれが分かるようにする。

◇トルク管理（締め付ける強さ）ができ、締めたネジの数をカウントする機能をもった市販品のドライバーを使う。ネジの締付けもれが検知できる。

---

5 集団同調

　ファッションの流行、サクラを仕込んだ悪徳商法、行列ができている
お店は並んでも買いたくなる **"バンドワゴン効果"**、多くの人がしてい
る行為は正しいと感じる "社会的証明" などは、無意識で集団の意見や
行動に左右される集団同調が関係している。集団同調に関連する様々な
研究や理論があり、それを理解することは、安全で安心な職場作りに役
立つ。

5−1　集団同調に関する理論

（1）心理学者アッシュ（1951）の同調実験
　1本の線（A）と同じ長さの線1本（B）と、異なる長さの線2本（C、
D）を用意する。そして、（A）の線と同じ長さの線がどれであるかを
答えてもらう。

　複数のサクラが "あきらかに間違った回
答" をした後に被試験者に回答してもらっ
た。

　実験を12回実施した結果、正解を答え続けた被試験者は25％、残
りの75％は不正解のサクラに一度は同調している。回答に違和感を
持っていても3／4が同調したことになる。

（2）心理学者のモスコビッチ（1976）らは、多数派による集団同調
のメカニズムは、現状維持に働き、変革に対しては阻害する力になると
考えた。また、少数派意見が集団に影響するには、行動の一貫性が鍵に
なることを実験で検証した。
　リーダーが考えた方針を組織全体に浸透させたい場合、常にぶれな
い行動、意見（言行一致）、率先垂範が鍵になる。

（3）心理学者ラタネ（1981）らは、次に示す**要素其の一**から**要素其の三**の"掛け算"が集団同調に影響すると考えた。

要素其の一　発信源（地位・権力・能力など）の強さ

　　発信力が強いリーダーや先輩達の行動や意見が組織に浸透する。

要素其の二　時間の余裕、発信源と受け手の一体感

　　課題の重要性や困難度が高いのに、対応する時間に余裕がない場合や組織の一体感が増すほど同調しやすくなる。（組織の一体感は重要であるが、チーム思考によるアイデア出しではマイナスに働くので、リーダーが重要な役割を果たす）

要素其の三　発信源の数

　　周囲の多くの作業者がいい加減な作業をしていたら、それが"手抜き"と分かっていても同調し、不安全な行動をする。

5−2　集団になると起こる様々な社会心理

　集団が"**三人寄れば文殊の知恵**"になることもあるが、<u>逆にマイナスに働くことがある</u>。

　「**36** 多重チェックの問題を考える」で解説する"リンゲルマン効果""権威勾配""御神輿組織理論"と「**37−7** 極端な意見に偏るリスキーシフトとコーシャスシフトに注意！」で解説する"リスキーシフト""コーシャスシフト"などの人の特性に加え、"傍観者効果"が関係する。

> **解説**
>
> **傍観者効果**：目の前で誰かが倒れている時、自分しかいない場合は助けるが、自分以外の人が沢山いると「誰かが助けるだろう」という気持ちになるため傍観者になる。但し、自分の知り合いなら直ぐに助ける行動をとる。

6 行動のミス　～スリップ

"スリップ"とは、正しく判断をしたが動作が正しく出来なかったことをいう。つまり、<u>やる事は分かっているが、上手にできない状態のことである。</u>

■書き損じ（反復書字法のスリップ）の体験実験

実験内容	１分間にできるだけ多く、ひらがなの"あ"を書く。書き損じを気にせず、出来る限り多くの"あ"を書くようにお願いする。

"あ"を書き続けていると、書いている文字が何を書いているのか分からなくなる。同じことに注意を向けることが難しいことを示している実験である。

実験結果　被試験者 23 名で実施した結果である。

実験結果は、次のグラフの通り、スリップ数が"2"と"3 以上"の人は、合計 5 人で全体の約 2 割であった。"あ"の文字を"お""す""わ""な"などの文字にスリップしている。

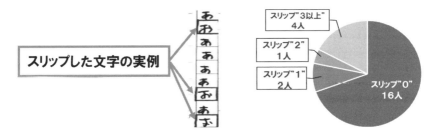

スリップには、個人差が大きく、１分間に 75 文字書いてもスリップ

数が"0"の人もいれば、45 文字でスリップ数"4"の人もいる。繰返しが多い単純作業では、このスリップがミスの原因になる。

　自分がミスしやすいタイプなのかを自覚する必要があり、自覚をしたら慌てずに処理することを心掛けることである。

7　逸脱に注意！　近道行動・省略行為

（1）近道行動・省略行為は気を抜くと簡単に起こる

　人は"最少の労力で、最大の効果をあげる"というような意識が常に働いている。「楽をしたい」「無駄をしたくない」という気持ちが沸き上がると、"手抜き"と分かっていても屁理屈をつけて実行してしまうのが人間である。

　近道行動・省略行為には、2 つ以上の矛盾した要素で引き起こされる心理状態**"認知的不協和"**が関係している。"認知的不協和"は、心理学者のレオン・フェスティンガーが提唱した社会心理学用語である。

イソップ童話　「すっぱいブドウ」

　一匹のきつねが高い木の枝に実ったおいしそうなブドウを見つけた。ブドウを食べようと何度もジャンプするが、ブドウには届かない。きつねはあきらめて「こんなブドウはすっぱいに決まっている！」と、すてゼリフを残して去っていった。

　「美味しいブドウを食べたい」「でもブドウが取れない」　この二つの事柄は、認知的不協和（やりたいけどできない）の状態になり、きつねの心を不安定にさせる。そこで、きつねは心を落ち着かせるために「あのブドウは、きっとすっぱいに決まっている」と思いあきらめる。つま

り、矛盾した二つの情報があると自分の都合のよい判断を下す。

　これを“認知的不協和理論”という。

　作業が面倒に思うと“効率的”と都合よく考え、実際は“手抜き”の作業をする。だから、認知的不協和は、ヒューマンエラーの元となる。

【認知的不協和が影響している事故事例】
① 安全帯を忘れたが、作業が遅れていたので取りにいかず高所から墜落
② ５分で終わる簡単な作業なので、絶縁保護をせずに感電
③ ベテラン溶接作業員の規定無視（周囲の可燃物除去など）による火災事故

　面倒と感じる仕組みや作業があれば、その仕組みや作業がなぜ必要なのか、どんな災害・事故につながるのか教え、理解させる事が重要で、理解しないまま作業をすると、近道行動・省略行為の原因になる。

（2）重要な対策　リーダー、ベテランの率先垂範と日常管理の徹底

　リーダーやベテランの近道行動・省略行為を誰も注意しない雰囲気がある場合、周囲は集団同調する。結果として近道行動・省略行為が放置される。従って、リーダー、ベテランの“正しい作業の率先垂範”と“近道行動・省略行為を許さない姿勢”が大切である。

　また、近道行動・省略行為が絶えない職場では、「 28-3 職場での日常管理　先輩語録10ヶ条」の中に近道行動・省略行為を許さない項目を設け、近道行動をしないことが当り前になるように日常管理を徹底するのも一案である。

■**近道行動・省略行為の主な要因と対策**

主な要因	対策
・必要以上に多く、面倒な仕組みやチェックシート	「第7章　仕組みとチェックシートに頼り過ぎは危険！」を参考に対策を検討し実施する。
・遠い工具置き場などムダが多く、作業者の負担が大きい作業環境	ムダ（非効率な作業）取り、ムリ（過大な負担）取りを推進する。
・単調作業でやる気がでない	「第4章　働き方改革にモチベーション（やる気）アップは欠かせない」を参考に対策を検討する。
・難しい作業（カンとコツが多い） ・厳しいコスト削減目標 ・厳しい納期 　（作業者の負担増加でムリが発生） ・激しい生産変動 　（生産のムラが発生）	・「㉝ 良品条件アプローチへの取組」を推進する。 　カンとコツの排除や作業の標準化など ・「22-1 適切な目標設定」を念頭に生産目標を立案する。 ・作業負荷を常に監視し、ネック工程の改善や多能工化（様々な技能・技術を習得）などの人材育成、そして"ムダ・ムラ・ムリの削減"を推進する。

　大事故や事件に発展する逸脱についての対策は、「㉚ 逸脱から違反になることを抑制するには」で解説する。

8 5S3定は、なぜ大切なのか

　５Ｓは、整理・整頓・清掃・清潔・しつけ

　３定は、定位・定品・定量（定められた位置、定められた物、定められた量）

　探すムダをなくすために職場では５Ｓ３定が当り前になっているが、人の気持ちを引き締め、ミスを削減するためにも役に立つ。また、５Ｓ３定をする時"見える化"だけでなく、「⓭ 見せる化」を念頭に整理・整頓をするとミス削減に効果的である。

■割れ窓理論

　1982 年、犯罪学者のジョージ・ケリング／ジェイムズ・ウィルソンが論文で発表した理論。

　あるビルの窓を割って、修理しないまま放置すると、そのビルは誰にも管理されていないと認識され、落書きや内部が荒らされる。この人間の行動特性を"割れ窓理論"という。

　この理論を元に、犯罪が多かったニューヨーク市の治安をよくするために市が警察と連携して落書きの消去、路上ホームレスの対応や軽犯罪の徹底した取り締まりを行った。その結果、犯罪が大幅に減った。

　５Ｓ３定が、犯罪抑制効果があることを立証した試みである。言い換えると、作業環境など身の回りをきれいにすることは、人の意識を大きく変えることを意味する。

【人が周りの環境に影響される事例】

　同じショートケーキを食べる時、使う食器で
“味”“美味しさ”が変わる。次の食器で、同じ
ショートケーキを食べることを想像してみて下さい。

　陶器の皿と銀のフォーク VS 紙の皿とプラスチックのフォーク

　多くの人は、陶器の皿と銀のフォークの方が“美味しく”感じ
るはず。

　同じ食事の量でも、皿などの食器のサイズを変えると、満腹感も
変化する。

　ダイエットには、小さ目の食器がよいと言われる理由である。食
器だけでなく、料理の盛り付け方、食事をする部屋の飾りつけ、雰
囲気などでも感じ方が変わる。

　周囲の環境によって意味合いなどが変化することを“文脈効果”
という。

　同様に職場環境によって仕事のやり易さ（集中力）、居心地良さなど
の感じ方が変化する。経営コンサルタントが、経営不振に陥った会社な
どを立て直す時、最初に提案することは決まっている。“しっかりした
あいさつ”“明るい笑顔”そして、“５Ｓ３定”である。

　落ち込んだ人の気持ちを前向きにする方法として“５Ｓ３定”が役立
つことを経験的に知っているからである。また、「❶❼ 生産性（成果）＝
やる気×能力」の式が示すように、やる気（モチベーション）がアップ
すれば、ミスが減り生産性向上にもつながる。

第**2**章

集中力を味方に

9 集中力不足でミスが起こる要因と対策

9−1　人の注意量は一定量

人は、何かに注意を向けていると、他のことに注意が向かなくなる。

> ## 「意識の焦点化と集中は、他を犠牲にする」
> 心理学者　ウィリアム・ジェームズの言葉

■「見えなかったゴリラ」の実験（＊4）

2004年、イグ・ノーベル賞（心理学賞）を受賞

心理学者のクリストファー・チャブリスとダニエル・シモンズによる実験。

被試験者に、白いシャツと黒いシャツのチームによるバスケットボールの試合を画面上で観戦してもらう。その上で、白いシャツ・チームのパスの回数を数えるようお願いする。実験では、試合の途中でゴリラの着ぐるみを着た人物が、画面の真ん中を横切っている。

実験後、画面を横切ったゴリラについて被試験者に確認すると、約半数が、ゴリラに気付いていなかった。気付かなかった被試験者は、白シャツ・チームのパスの回数を数えることに集中していたため、横切るゴリラの登場に気付くことができなかったのである。"心（脳）の脇見"である。

9－2　"ながら作業"は、ミスの元

■体験実験　下の文字を左から右に読んで下さい。

「あか・きいろ・あお・あか・きいろ」

"文字を認識する"だけで音読する。一つの仕事（シングルタスク）なので、時間が掛からずスラスラ読むことができる。

次に下の図形と色の式を基に図形を色に置き換えて読んで下さい！

「みどり、あお、あか、みどり、あお」

しっかり読めた方も、きっと時間が掛かったはず。この場合、"図形を認識"と"図形を色に置き換え"の作業を同時にすることで、音読する色を声に出している。

つまり、デュアルタスク（二つの作業を同時に行う）のためにミスも起こり易く、確実に読むためには、脳をフル活用するために時間が掛かる。

（1）脳は、シングルタスクが基本(＊5)

　脳はシングルタスクが基本である。つまり、一度に一つの仕事しかできない。

　複数の仕事が脳の同じ部位を使う場合、脳は一つの仕事にしか集中できないので、仕事の切替え（タスクスイッチング）が必要となる。また、複数の仕事を同時に処理するには、仕事を素早く頻繁に切り替える必要があるので、疲労がたまり、記憶力が低下し、集中力もなくなる。その結果、作業効率が悪くなりミスも多くなる。

　但し、ミシガン大学のデヴィッド・マイヤー博士は、次のように言っている。

　「脳は、複雑なタスクを同時に処理することはできない。但し、その二つのタスクが脳の同じ部位を使わない場合は、例外となる」

　二つ同時に処理する作業があったとしても、そのうちの一つが意識的な努力を必要としない場合のみ、それらを同時に行っても集中力は低下しない。つまり、一つの作業がルーチン化されている場合は、デュアルタスクが可能になる（次の「ワーキングメモリの役割」でその仕組みを解説する）。

　どうしても同じ脳の部位を使うマルチタスク（三つ以上の作業を同時に行う）が必要な時には、作業の計画段階で同時に行う作業を削減するか、作業スケジュールに余裕を持たせるなどの慎重さが必要となる。

　マルチタスクの処理に役立つのがメモ用紙や付箋紙（パーキングロット）である。（「 4-5 展望的記憶」を参照） ひらめきや重要なことを思い出した時、書き留めておくと効果がある。メモ書きなど、一瞬のタスクの切替えならシングルタスクの集中力が低下することはない。つまり、一つのタスクが完了したら、メモに従って次のタスクに取り掛かれば、タスクの切替えが不要なので集中力の確保が可能となる。または、「⓫ 集中力の配分：分業化」で解説する分業化がマルチタスクの対策と

なる。

（2）ワーキングメモリの役割
〜脳の仕組みから仕事の処理能力を考える！

　脳の中に"ワーキングメモリ"なるものがある。様々な仕事に優先順位を付け、最適な手順で作業をするのに欠かせないのが、ワーキングメモリである。いくら知識があっても、ワーキングメモリが働かないと、仕事を上手にこなせないことが分かっている。

　ワーキングメモリは、1974年、アラン・バドリーとグラハム・ヒッチによって提唱された概念である。

■自動処理

　繰返しの仕事で標準化され、ルーチン化したものを**"自動処理"**という。

　仕事に慣れると、<u>ルーチン化が進みワーキングメモリに余裕ができる。</u>その結果、仕事自体に注意・意識をあまり使わなくても処理できるため、他の危険などへの対応が可能となり、<u>業務量が増えなければ余裕が生まれ、仕事のミスが少なくなる。</u>

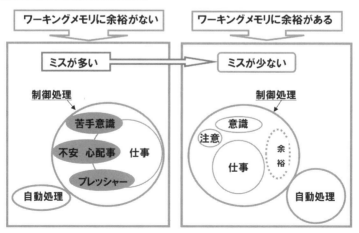

49

■制御処理

　ワーキングメモリには、注意や意識を向けながら不慣れな仕事を処理する機能がある。それを**"制御処理"**という。注意すべき点は、<u>ワーキングメモリには、個人差はあるが、一定の量しか制御処理できないことである。</u>注意や意識すべき事が増えると処理できず、不注意や無意識になるためミスが増えることになる。その為、劣悪な作業環境（暗い、暑い、寒い、大きな騒音など）、個人的な心配事、更に様々なプレッシャー（注目を浴びている仕事や短納期の仕事、慣れない仕事など）によりワーキングメモリの働きが悪くなる。

　重要な仕事や難しい仕事をする場合は、ワーキングメモリが十分働くように、事前に作業環境の整備や苦手意識、不安、心配事などを減らし、適切なプレッシャーにすることが重要となる。

（3）熟練作業者のミス

　熟練作業者は、自動処理（ルーチン化）が多くなり、余裕が生まれ、ミスが少なくなるはずである。しかし、現実にはルーチン化してはいけない作業をルーチン化してミスしたり、業務量の増大でワーキングメモリに余裕がなくなり、多くのミスを発生させている。

> **熟練作業者のカンとコツは、未知の作業と急な変化に弱い。**

（4）日常生活の中でも"ながら作業"の危険がいっぱい

　当然のことであるが、危険が多い環境での"ながら作業"は、周囲への注意力が散漫になるので、災害や事故の発生リスクは高くなる。

　"ながら作業"の危険度で注目されているのが、"歩きスマホ""自動車、自転車運転中のスマホ"である。つまずいたり、通行人に衝突したり、自転車・バイクとの接触事故の原因となっている。自動車運転中の

"ながらスマホ"をしている時の反応速度は、飲酒運転をしている時と同じくらい低下することが研究で明らかになっている。ハンズフリー通話でも、その状況は変わらず、不測の事態への注意力は失われている。

【自転車運転時の"ながらスマホ"の事例】

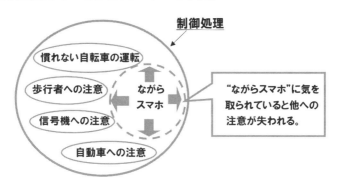

スマホを使っている人の６割が"歩きスマホ"をしている。更に、五人に一人が事故、怪我を経験しているとのデータがある。

二つの事柄を同時にするデュアルタスクは、ミスが起こり易い動作であり、現場でも日常生活でも頻繁に発生している。それが三つ、四つと増えてマルチタスクになれば、ワーキングメモリの中の注意すべき内容が増えるので更にミスの度合いは高くなる。

一度に複数のことを処理しようとすると、脳の処理速度が低下し、余計に作業時間が掛かるだけでなく、脳の情報処理の許容度を超えた時、作業ミスが発生する。マルチタスクで、災害や事故が増大するのは当り前である。

（5）現場での注意表示過多は、危険をまねく！

現場で注意表示が多過ぎると、マルチタスクになり注意散漫な状態になる。

立入禁止	土足厳禁	感電注意	高圧危険	高温危険	落下物注意
火気厳禁	整理整頓	段差あり	頭上注意	さわるな危険	開閉注意
操作禁止	耳栓着用	酸欠注意	昇降注意	開口部注意	マスク着用
はさまれ注意	安全帯使用	転倒注意	保護帽着用	巻き込まれ注意

　<u>仕事に取り組む前に、現場改善により注意表示を減らすことを心掛ける必要がある。</u>

　◇ 頭上に注意すべき物があるのなら、位置をずらすか撤去する。

　◇ 足元に段差があるのなら、段差を無くす。

　◇ 立入禁止なら、その場所を施錠管理する。

　また、防護メガネやヘルメットを着用していると視野が狭く（特に上）なるので、注意表示を掲示する位置にも配慮が必要である。

９－３　音楽を聞きながらの "ながら作業" は効果的か？

　仕事と音楽の関係について多くの論文を分析した研究がある。「音楽を聞くと仕事がはかどる」と「音楽を聞くと仕事の邪魔になる」と結論付けている研究がほぼ同数ある。

　歌詞のある歌は、言語情報として脳に認識されるので、文章を理解し記憶する学習や資料を作成する仕事では、言語情報がぶつかり合いマイナスに働くことになる。歌詞のある曲を聞きながら、英単語を覚えようとしても効率が悪くなる理由がそこにある。

　一方、ルーチン化されている単純な作業やジョギングなどの単調な運動に対して、音楽は疲労感の軽減と集中力維持に役立つ。昔から田植えや酒造りなどの作業で、民謡（田植え歌、酒造り歌など）を歌いながら作業する "ながら作業" で作業効率を上げていた。

　そのことが単純な作業では、音楽による "ながら作業" が役立つことを証明している。

9-4　マルチタスクをしてはいけない理由（＊6）

　健康情報を配信している Health が、「マルチタスクをしてはいけない 12 の理由」を公開している。その中から業務に関連する内容を抜粋して次に紹介する。

❖ **マルチタスクはミスを誘発する**（ロチェスター大学医学センターの研究）

　幾つかの作業を切り替えながら仕事をしていると、生産性が 40%低下する。また、ミスを犯す確率も上がる。ミスせず二つ以上の作業を同時にすることは困難である。

❖ **ストレスがたまりやすい**（カリフォルニア大学アーバイン校の研究）

　仕事中にメールをチェックしようとすると、脳はアンテナを張っていなければならず、常に緊張する状態が続き、ストレスがたまる。

❖ **周囲のことが目に入らなくなる**（ウエスタンワシントン大学での研究）

　携帯電話で通話しながら登校してくる学生のうち 75%が、通常なら気づくピエロの格好をして一輪車をこいでいる人に、気づかず通り過ぎてしまう。

❖ **人間関係を壊してしまう**（エセックス大学の研究）

　2人で話をしている時に、どちらか一方が携帯電話を持っているだけでも、2人の間に摩擦が起こり、信頼関係が崩れる可能性がある。

❖ **マルチタスクができると思っている人ほど危険**（ユタ大学の研究）

　マルチタスク能力が高いと思っている人に、携帯電話で通話しながら運転をしてもらう実験をしたところ、よい結果を出した人はいなかった。また、頻繁に携帯電話で通話しながら運転する人のマルチタスク能力を測るテストの結果は、最低の評価となった。

❖ **創造力の低下**（イリノイ大学シカゴ校の研究）

　マルチタスクをしている時にはすさまじい集中力を伴うため、脳は休むことができず、アイデアを出すことが難しくなる。

10 集中は、明瞭な状態で

（1）集中力×持続時間＝一定

集中力と持続時間の掛け算は一定である。この式から言えることは、「低い集中力は長く続けられるが、高い集中力は長く続かない」ということである。もちろん**"集中力×持続時間＝一定"**には、個人差がある。高い集中力が長く続く人もいれば、短い人もいる。従って、自分の集中力"一定"のレベルを客観的に把握してコントロールすることが重要になる。

（2）人間の意識レベルに関するフェーズ理論 (*7)

		エラー発生率
フェーズ０：無意識・睡眠中の状態（作業ができない）		
フェーズ１：ぼんやり・居眠り（漫然状態）	………	高い
フェーズ２：通常		
フェーズ３：明瞭　　高い集中力	………	**低い**
フェーズ４：パニック・没頭（過剰緊張状態）	………	高い

意識レベルがフェーズ１（漫然状態）では休憩が対策となる。また、作業中の集中力の確保は、必要なタイミングで"フェーズ３"（明瞭）にすることが重要であり、指差呼称、声出し確認、復唱、確認会話、作業環境の整備などの方法が集中力確保に有効である。（「 3-4 錯覚・思い込みによる伝達エラーの対策」を参照）

集中力がフェーズ１（漫然状態）で、ぼんやりして作業すると、クロスして接続する配線を真っ直ぐに接続してしまう。

54

【ぼんやりが起こす不具合事例】

端子Ａ－ａ、Ｂ－ｂ間を接続（----）しなければいけないところを
端子Ａ－ｂ、Ｂ－ａ間を接続（——）して短絡事故が発生。

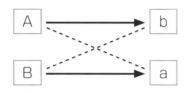

この短絡事故は実際にあった事故で、二重チェックでも見落としている。簡単な作業と思うと漫然状態になる。危険予知（KY）で気付くのは難しい事例と思うが、接続時に図面を見て"指差呼称"（「 13-3 五感による"見せる化"」で解説）を当り前（ルーチン）にしていれば、回避できた作業ミスである。

（3）意識レベル"フェーズ４：パニック・没頭（過剰緊張状態）"は要注意！

"フェーズ４"パニック（過剰緊張状態）の未然防止策は、異常事態発生（災害・不具合など）を想定した訓練が効果的となる。（「 16-1 育てる環境をつくる」で解説）

異常事態発生でパニックになった時、心を静める方法として"マインドフルネス瞑想"が有効である。

■マインドフルネス瞑想　～深呼吸瞑想

自律神経には、交感神経と副交感神経がある。息を吸う時に交感神経が働き、吐く時には副交感神経が働く。交感神経は緊張状態の時に働き、副交感神経はリラックスしている時に働く。従って、呼吸を整えることによって、交感神経と副交感神経のバランスがよくなり、緊張感を和らげ、集中力を明瞭の状態にすることができる。

瞑想は、ヨガや座禅などで古くから知られているが、現在では宗教色が排除され、マインドフルネス瞑想としてビジネス・医療など様々な分野に広がっている。科学的にもその効果が証明されており、業務の中に積極的に取り入れている企業もある。更に歩行瞑想やイーティング瞑想などの新しい瞑想法も生まれている。

（4）集中力を低下させるツァイガルニク効果

課題解決を時間切れで中断した場合や、目標が達成できなかったりすると、緊張状態が続き中途半端に記憶に残る。結果的に新たに手掛ける仕事への集中力が低下する。しかし、いったん完了してしまえば、その課題は直ぐに記憶から消去される。この現象を**"ツァイガルニク効果"**という。

中断した作業を記憶から追い出し、集中力を確保するには、「 4-6 作業の中断はミスの元」で解説した対策（パーキングロットなど）が必要となる。例えば、課題に取り組んでいる時に、別の作業の割り込みがあっても、中断後の課題への取組計画を詳細に立てておくと、その計画がパーキングロットになり、割り込み作業への集中力低下は起こらない。但し、注意点がある。

私の実体験であるが、重大事故発生時に詳細な再発防止策を立案することで、割り込み作業に集中することができるが、気持ちの中で"再発防止策立案＝対策完了"になり、再発防止策への取組が軽視される。それを避けるためには、再発防止策を実行しなければ対策は完了しないことを、肝に銘じておかなければいけない。

中途半端が記憶に残る効果を使った事例は多く、気になる雑誌のタイトルやテレビドラマ、映画のダイジェストなど、興味を持つ内容を使うことで、視聴者の記憶に残るようにしている。

また、課題の解決に行き詰っている場合、潜在意識を活かすために、中断が効果的である。**"カクテルパーティー効果"**という。（「**44** 潜在意

識を活かす」で解説）

⑪　集中力の配分：分業化

　危険は作業前に除去し、できればシングルタスクにすることが基本である。但し、現場作業では様々な危険を回避しながら取り組まなければいけないマルチタスクもある。

　どうしてもマルチタスクが必要な場合、分業化で集中力を配分することで、危険を回避することができる。

　現場の仕事では、作業負荷や注意すべき事項が多い場合、複数の作業員で分業化することが一般的である。作業負荷や注意すべき内容に合わせて分業化を検討し、人員を配置することで、適切な集中力を確保することができる。

　例えば、道路上での作業、トラックの出入りが激しい建築現場、溶接作業などは、作業者とは別に見張りを立てることで注意を分散し、作業への集中力を確保する方法がとられている。特に危険度が高い作業では、分業化が義務付けられている。

　また、作業の計画段階で、マルチタスクの作業、危険が伴う作業などを漏れなく洗い出すことが重要となる。更に、洗い出した作業で集中力を確保するために"分業化""復唱""指差呼称"など実施する作業を決めて、作業手順書やチェックシートなどに落とし込まなければならない。

⑫　自分の集中力ゾーンをよく知ろう

　長時間、集中力の維持ができればよいが、その時間には個人差があり、集中力が維持できるのは、一般的に15分〜90分程度と言われている。

従って、集中力を維持するための工夫や自分が集中できるゾーンを把握して要所要所で集中することが重要となる。

　また、集中力には波があり、力を発揮できる環境にも個人差がある。

　自分が集中できている状態（環境や体調など）を思い出してみる。集中が必要な時、集中できた時と同じ状態をつくれば力を発揮することができる。スポーツでは、成功した時と同じ動作（儀式、ルーチン）をすることで集中力を高めている選手がいる。

　野球のイチロー選手やラクビーの五郎丸選手のルーチンが代表例である。

　儀式で集中力を維持する工夫をしている事例がある。

集中力を増す昔の人の知恵　日本刀の刀鍛冶

　刀鍛冶の作業は、扱うものが高熱であり、鋭利な刃物を扱うために危険な作業である。しかも、長時間集中力と緊張感を必要とする。

　日本刀は、富士、桜とならび日本を象徴するもの。"守り刀"としていたので、製造する時は、作業場を塩で清め、正装をして作業をした。この儀式が、暑い場所で長時間にわたり緊張感を維持するために重要になっている。危険な作業をする場合、気合を入れるための儀式は効果的である。昔の人の知恵でもある。

元野球選手の講演会での話

　観客の前で、素振りを 100 回するのは簡単！

　誰もいないところで、一人で素振りを 100 回する練習は辛い。でも、一流選手は一人で練習する時でも、素振りを 100 回する努力をしている。

　観客の前での素振りは、見られていることで自然とモチベーションがあがり、集中力もあがる。**"ホーソン効果"** である。一方、一人の練習は辛い。でも一流の野球選手は、目標をしっかり持っているので、やる気が維持され、孤独な練習でも集中力が維持できるのだという。（ホーソン効果は、㉖で解説）

（1）集中力が低下する曜日と時間帯 （＊8）

　集中時間帯には個人差があるが、一般的に集中力が低下する曜日は、月曜日と金曜日である。また、集中力が低下する時間帯は、9：00 〜 17：00 の間では、昼食後の 13：00 〜 15：00 で、逆に集中できる時間帯は、午前中になっている。

（2）リーダーの現場巡回が効果を発揮する曜日と時間帯

　リーダーによる現場巡回は、ホーソン効果が働くため生産性が上がる。従って、集中力が低下する曜日と時間帯のデータから、<u>月曜日か金曜日の 13：00 〜 15：00 の間に現場巡回をすると、ヒューマンエラーの防止や生産性向上に役立つことになる。</u>

　但し、「㉖ ホーソン効果」で解説している **"逆ホーソン効果"** に注意が必要である。

⓭ 見せる化　〜見えているだけでは伝わらない

　「❶ ミスのし易さを実感しよう」で解説した人間の認知・行動メカニズムから分かるように、危険が目に入っても危険と認知・判断しなければ、危険を回避する行動はとらない。そこで、危険を認知・判断するために重要なのが **"見せる化"** である。

13－1　見落とさない ＝ 一目瞭然 ＝ 見せる化

次の文章を読んで下さい。

> **■体験実験**
>
> 　危険が多い場所で　<u>アメリカの心理学者</u>　危険の表示があっても、<u>ウィリアム・ジェームズが</u>　かわいい女性の　<u>言うように</u>　安全ポスターがあると　<u>意識の焦点化は</u>　気を取られて　<u>他を犠牲にする。</u>周りの危険に気付かない。

この文章は、異なる二つの文章を交互に入れたもので、続けて読むと分かりにくい文章になっている。次に、<u>アンダーラインの部分</u>だけを読むと意味が分かるはず。

ところが、アンダーラインの文章のみを読んだ場合、アンダーライン以外の文章も目に入っているが、何が書いてあるのか認知できない。人間の認知・行動メカニズムは、目や耳などの五感で情報を知覚（入力）しても、その後の認知・判断が出来ていないと処理が止まるためである。

大切なことは、"見える"だけでなく、認知・判断させるために"見せる"ことであり、三つの原則"注意をひきつける""区別しやすくする""読みやすくする"が重要となる。

"見せる化"に大切な三つの原則	
一つ目　注意をひきつける。	誘目性
二つ目　区別しやすくする。	識別性
三つ目　読みやすくする。	可読性

交通標識は、絵柄や色を使った"見せる化"の代表事例である。

■異常の"見せる化"で災害・事故回避

異常（危険）に気付く仕掛けが大切である！　異常の発生に気付くこ

とができると災害・事故を回避し、正常の状態を維持することができる。

　異常（危険）に気付くか気付かないかは、災害・事故を未然に防げるか、防げないかの違いになるため、大きな違いが生まれる。但し、人は異常な状態が見えていても、<u>異常（危険）を認知・判断できなければ、異常（危険）を回避する行動をすることはない。</u>

　異常（危険）の"見せる化"で、異常（危険）に気付く（または自動的に検知する）ことが重要である。例えば、異常を検知することで災害・事故を防止する機能"フールプルーフ"がある。（フールプルーフについては、「❸④ 品質の先取り設計」で解説）

13-2　文字の"見せる化"

【前後と異なる文字が類似しているために判別しにくい文字列の事例】

```
ああああああああああああああああああああああ
ああああああおああああああああああああああああ
あああああああああああああああああああおああ
ＥＥＥＥＥＥＥＥＥＥＥＥＥＥＥＥＥＥＥＥＥＥ
ＥＥＥＥＥＦＥＥＥＥＥＥＥＥＥＥＥＥＥＥＥＥ
ＥＥＥＥＥＥＥＥＥＥＥＥＥＥＥＥＦＥＥＥＥ
```

前後と異なる文字が４文字あるが判別しにくい。

【"見せる化"の事例】

反転文字などで前後と異なる４文字が直ぐに分かる。

ああああああああああああああああああああああああ
ああああ囲ああああああああああああああああああ
ああああああああああああああああああああお ああ
ＥＥＥＥＥＥＥＥＥＥＥＥＥＥＥＥＥＥＥＥＥＥＥＥ
ＥＥＥＥＥＦＥＥＥＥＥＥＥＥＥＥＥＥＥＥＥＥＥ
ＥＥＥＥＥＥＥＥＥＥＥＥＥＥＥＥＦＥＥＥＥ

【パソコンで使われる見せる化の事例"ポップアップ"】

　ポップアップとは、パソコンの最前面に飛び出すように現れるウィンドウなどの表示方法である。個別に立ち上がり、必ず画面の最前面に現れるため、ユーザーの注意を引く効果は大きいと言えるが、あまり多用するとユーザーに不快感を持たれやすい。

13-3　五感による"見せる化"

　分かり易い色、大きな音、激しい振動、いやな臭い、吐き気がする味など五感を通じて異常に気付くようにすることで、災害・事故の発生を回避することができる。

　身近な事例では、無臭の天然ガスに毒性のない生活臭と異なる臭い（付臭剤）の成分をまぜ、ガス漏れに気付かせる方法や、様々な注意表示や警報音（スマホ、パソコンで多く使われている）がある。また、容器の形を変えて識別性を高めたり（醤油とソースの容器など）、色を変えて違いを知らせる方法など、身の回りには五感で気付かせる"見せる化"の事例が溢れている。

　「多くの人が、年齢、性別、障害や能力などの差を問わず、利用を可能にする」を基本コンセプトにしている"ユニバーサルデザイン"も"見せる化"に役立つ方法である。既に様々な施設や機器などのデザイ

ンに使われている。

　"見せる化"で認知・判断を素早くするために、複数の手段を組合せ、脳への刺激を増やす必要がある。よい事例が"指差し"と"声出し"を組み合わせた**"指差呼称"**である。"見る"だけでなく"指差しする""声を出す"の動作を加えると、集中力と記憶力がアップする。体を動かして覚える記憶を**"運動性記憶"**という。その結果、**"指差呼称"**は何もしない時より**誤り率（ミス）**が１／６になる。

（財）鉄道総合技術研究所の実験結果	動作	誤り率(％)
	何もしない	100
	呼称だけ	42
	指差しだけ	32
	指差呼称	16

【運動性記憶の例】

　自転車の乗り方を一度覚えると、簡単に忘れることはない。

13－4　色彩心理を使った"見せる化"

色を上手に使いこなすと様々な効果がある。その一部を紹介する。

赤

　赤は、非常に目立ち、視覚誘導する時も認識しやすい色と言われている。

　"赤"の暖色効果は、インテリアに利用すれば季節感の演出だけでなく、実際の体感温度にも効果がある。ある実験では、同じ温度の青い部屋と赤い部屋に入った時の体感温度には、３度も差があった。また、赤は購買色と言われ、カラーマーケティングでは赤を入れるかどうかで、売上が約20％もアップすると言われている。

　　　　　　　　　青

　空や海の色でもある青の心理的効果は、「沈静色」「寒色（冷たさを感じる色）」「後退色」であり、気持ちを静め、心を落ち着かせる色である。また、青色は集中力を高めるので、内容をまとめるときや暗記するときに青いペンを使うと効果がある。（〈相川秀希 著『頭がよくなる青ペン書きなぐり勉強法』中経出版〉という書籍がある）

　　　　　　　　　黄

　黄色は、緊張している時に働く交感神経を刺激するため、注意を喚起しやすく、様々な場所で警報や注意表示に使われている。

　黄色は、知性と理解力を刺激するので、考えを系統立ててまとめたい時や、知的能力を試される場（試験や面接など）で助けになる。また、最も自然光に近い色で、人に喜びや希望を与え、楽天的な考え方をもたらし、社交的で楽しい気分を生み出す。

　色彩心理に関連する書籍は多数あるので、学習して作業環境の改善に役立ててほしい。

第**3**章

人を育てるこつ

どんな業務でも人づくりが基本

14 確実に技術伝承をするこつ

14-1　N型モデル　〜技術伝承のモデル (*9)

　教育・訓練を脳の仕組みから考える。脳は、原始脳→動物脳→人間脳の順に発達した。

原始脳　生きるために必要な脳　猿人　　　　　約400万年前 **体を司る脳**

動物脳　感情・情動行動を司る脳　ホモ・ハビリス　約200万年前 **技を司る脳**

人間脳　理性・知恵を操る脳　　　現代人　　　　　　　　　 **心を司る脳**

教育で人間脳に働きかけ<u>自律を促す。</u>　　　　　　トップダウン

　　自律　：　倫理観が醸成され、正しい考え方で仕事ができる。

訓練で原始脳・動物脳に働きかけ<u>自立を促す。</u>　ボトムアップ

　　自立　：　技術・技能を習得し、正しいやり方で仕事ができる。

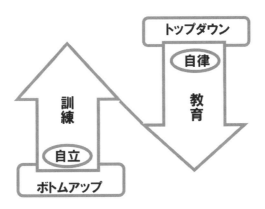

　"心・技・体"を鍛えるということは、人間脳・動物脳・原始脳を鍛えることである。

　つまり、脳全体を鍛えるには教育と訓練が必要であり、技術伝承の両輪となる。

14-2　"守""破""離"

"守""破""離"とは、日本の茶道や武道に伝わる修業のプロセスを３段階で表したものである。

> 守：最初に真似て基本を覚える。
> 破：基本を覚えたら仕事に工夫を加える。
> 離：自分で考えて、自分なりの仕事をする。

15 "知っている"から"分かる"そして"できる"へ

15-1　"できる"まで教えることが重要

様々なゴルフ雑誌を読んで分かったつもりになっても、ゴルフのスコアはアップしない。美術館で名画を見て感動しても、同じような絵は描けない。味のある絵手紙を見て、参考にしながら描いても何か物足りない。いくら素晴らしい歌声や演奏を聞いても自分では歌えないし、演奏もできない。

つまり、"知っている""分かる"……でも、"できない"ことが多い。

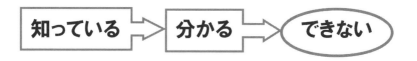

業務の教育は"分かった"だけでは不十分。"できる"まで教える必要がある。

（1）脳の"感覚系学習回路"と"運動系学習回路"の連動がポイント！（＊10）

　感覚系学習回路とは、見る、聞く、感じるなど五感を通して脳に情報を入力する回路。

　運動系学習回路とは、話や体を動かす（脳から出力）時に働く回路。

　分かってもできないのは、脳の"感覚系学習回路"と"運動系学習回路"がバランスよく連動しないために起こる現象である。

　バランスよく二つの回路を連動させるためには、教育により感覚系学習回路に知識を入力すると同時に、実務や訓練により運動系学習回路から出力させることである。

　Ｎ型モデルと同様に「教育と訓練は技術伝承の両輪」であることが分かる。

（2）能力開発の３本柱

　OFF−JT、OJT、自己啓発が能力開発に必要な３本の柱である。

　講義などが主体のOFF−JT（Off-the-Job Training）で学習した後、学習して得た知識を使い実務でのOJT（On-the-Job Training）や訓練設備により技術・技能を身に付ける。つまり、入力と出力の連動による学習が能力向上に欠かせない。

■ OJTで注意すべき点

　"OJT＝能力向上＋成果" であり、能力向上を忘れ成果だけを求めてはいけない。だが、現実はOJTとは名ばかりの場合がある。指導者は、「⑰ 生産性（成果）＝やる気×能力」の式からも、能力向上が成果につながることを意識して取り組む必要がある。

　OJTで効率的に確実に能力を身に付けるには、指導者の力量や育成計画が重要になる。実務に直ぐに役立つ教育を行い、それから実務をこなすように計画すると、感覚系も運動系も鍛えることができる。実務で成果が出ると、より積極的に学習に取り組むようになり（自己啓発）、「 15−3 育つサイクル」につながる。

15−2　能動的学習の学習定着率は高い

　右図のラーニングピラミッドは、アメリカ国立訓練研究所で考えられた図である。学習定着率（％）の数値が記載された図もあるが、その数値の根拠は低いとされている。但し、能動的な学習が効果的なのは誰もが経験しているために "能動的学習（アクティブ・ラーニング）が効果的である" との説明によく使われる。

ラーニングピラミッド

　定型業務は、OFF−JTとOJTで計画的な学習は可能であるが、非定型業務（課題解決など）の学習は、計画的な学習が難しい。しかも能動的学習が主体でないと身に付きにくい。具体的な学習方法として

は「 15-4 心を鍛える。IQ より EQ＋SQ」で紹介するロールモデルか、「16 具体的な学習方法」で解説するロールプレイングや実務による課題解決型学習・PBL による学習方法がある。いずれも"自ら体験する"または"グループ討議"による能動的学習であり、学習定着率は高い。

15-3　育つサイクル　～スパイラルアップの成長

（1）仕事を通じて人を育てるこつ

◇仕事を始める直前に成果に結びつくやり方を教育と訓練（Ｎ型モデル）でしっかり教え、学ぶ。つまり、必要なことを必要な時に教え、学ぶことが大切である。

◇仕事に役立つ。または、上司が成果（失敗も含め）を認めることが意欲を生む。入力と出力を繰り返すことが大切であるが、失敗も起こる。失敗してもチャレンジしたことを認め「上手くいかない方法を学んだ」とプラスに捉え、次のステップに活かすように指導することが"人を育てるこつ"である。

◇意欲が生まれ自主的に学び始めると"育つサイクル"が回り、自然と人は育つ。その結果、新しい仕事へチャレンジする気持ちが生まれ、新しい仕事を開拓する。

> 三菱電機株式会社　志岐守哉　元社長の言葉
> ### 「仕事が人を育て、人が仕事を拓く」
> 私が現役時代によく目にした色紙で、心に残る言葉である。

（2）"教える" から "育てる" へ

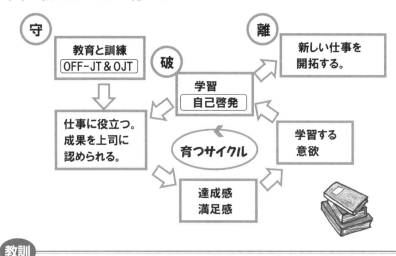

教訓

入出力を繰り返し、自分で学ぶ楽しさを覚えれば人は自然に成長する！

15-4　心を鍛える。IQ より EQ＋SQ

　一般的に教育は知識の習得に重きが置かれ、詰め込み教育に偏り、知識を上手に使いこなす能力（チーム思考など）に欠ける面がある。現在、社会問題化し、大きな課題となっているデータ改ざんなどの逸脱・違反行為やパワーハラスメント、メンタル不調者を無くすためにも、仕事に直結した教育、訓練だけでは解決しないことが多い。

　人を育てるには、第一に心を鍛えることを忘れてはいけない！

　まず、一人ひとりの "**倫理観**" の醸成が重要である。"倫理観" は、企業として最優先すべき教育である。"**倫理観**" を無視した教育は、人として、企業として、社会の信用を失い大きな損失を生む。

　倫理観の醸成要領については、「❸⓪ 逸脱から違反になることを抑制するには」で解説する。

更に、心理学者　ダニエル・ゴールマンが提唱して広まった EQ（知的指数）、SQ（社会脳）を鍛えることである。

　　　IQ：Intelligence Quotient（知能指数）
　　　　　頭脳の知的働きを測定する尺度
　　　EQ：Emotional Intelligence Quotient
　　　　　（知的指数：心の知能指数）
　　　SQ：Social Intelligence Quotient
　　　　　（社会脳：社会性の知能指数）

　EQ は、感情コントロール、問題の解決能力、適応力、プラス思考などの能力である。

　SQ は、EQ の概念を広げ、相手の立場で考える能力（メタ認知能力）、思いやり、協調性など、人と人とのつながりに関係する能力である。

　EQ、SQ は、書物から学ぶことは難しい能力であり、その能力を高める一つの方法は、成果を出している先輩達を見つけ、その先輩達を手本にして行動することである。

　手本になる先輩達のことをロールモデルという。まさに基本を真似て覚える修業のプロセス「 14-2 "守""破""離"」の "守" である。

　EQ、SQ は、どんな業種、どんな仕事でも必要で重要な能力であり、「ビジネスの貢献度は、EQ と SQ で決まる！」といえる。それが分かる江戸時代の川柳がある。

> ### 売り家と唐様で書く三代目
>
> 初代は、苦労して身代を築いた。
> 二代目は、初代の苦労を知っているので、手堅くそれを維持した。
> 三代目は、生まれた時から裕福な家庭で育ち、初代の苦労を知らない。
> 遊芸などで身を持ち崩し、自分の家を売り家に出すようになる。
> その売り家の文字が唐様（中国風の書体）で、しゃれている。

　この川柳を私なりに解釈すると、立派な教育を受けて知識（IQ が高い）があり、しゃれた書体を知っていても、買い手の立場で考える能力（メタ認知能力）がなければ商売が上手くいかないことをいっている。

　三代目でも成功している会社は、三代目の近くに手本となるロールモデル（EQ、SQ が高い人材）がいた可能性が高い。

　メタ認知能力を高める方法は、「 16-2 　メタ認知能力の向上」で解説する。

15-5　ロールモデルがなぜ有効か

■売れない劇団員の法則（＊11）

　売れない劇団員が、安い居酒屋で深夜まで演劇論を戦わせている。ありがちな風景である。しかし、残念ながらどれだけ熱く演劇論を交わしても、それが成長に寄与することはほとんどない。

　うまくいかない人同士が集まり、議論をしてうまくいく方法を模索しても、正しい結論が出るはずはない。つまり "売れない劇団員" がいつまでも売れないのは、売れない劇団員同士で話をしているからである。

　成功できないマインド、行動、習慣にどっぷりつかっているので、そこから脱出することは至難の業である。では、どうすればいいのか？

　成功している俳優と一緒に飲みに行く、あるいは、成功している俳優の付き人か、カバン持ちになるのが成功への入り口である。成功している人は、何を考え、どう行動し、どんな習慣を持っているのか、それを見て学ばなければいけない。

　居酒屋で、上司の悪口で盛り上がっているサラリーマンも同じことである。

　何をやってもうまくいかないネガティブ思考のサラリーマン同士が集まって、どうしたらよいのか相談しても、素晴らしいアイデアや考えが浮かぶはずがない。

　「朱に交われば赤くなる」というが、それは脳科学的に正しい。

自分が誰と付き合い、誰と時間を過ごすのか。それによって、どれだけ成長できるのかが決まる。付き合う人を間違えたり、ぬるま湯のような環境にいたりすると、どんなに頑張っても"自己成長"にはつながらない。

■ミラーニューロンの凄い働き

人は、なぜ他の人と一緒にいるだけで、その人の影響を大きく受けてしまうのか？

人は、知らずに言葉を流暢に話すことができるようになるが、誰も言葉を必死になって勉強した記憶は持っていない。物心ついた頃には、当り前に話をしている。

赤ちゃんは、親の言葉を聞き、一挙手一投足を見て、それを真似てスポンジが水を吸うように、何の苦労もなく自分が見るもの全てを自分の脳の中に吸収している。

人の脳には、身近な人の言動を真似るミラーニューロンという神経が存在している。そのミラーニューロンの働きによるものである。

成人してもミラーニューロンは常に活動している。だから、大人の私たちでも見るもの全てを真似てしまうのである。

16 具体的な学習方法

16−1 育てる環境をつくる

感覚系学習回路は、様々な講座を受講したり、熟練者の話を聞いたりすることで着実に成長する。一方で運動系学習回路は、OJTや訓練で反復して鍛えるしか方法がない。特にカンとコツの習得には、時間が掛かる。

一般的に教材などは作成しやすい事などから感覚系学習回路の教育が

優先され、運動系学習回路の訓練が少ない傾向にある。そのような状況を意識して、運動系学習回路を効率よく鍛えるために OJT の計画やシミュレーターを使った訓練設備を準備することが重要となる。

　電気設備の保守訓練用として、推奨する学習環境の案（訓練設備を含む）を次に示す。

---

① 実機と極力同じ機能（装置間の連動や警報表示など）を模擬できる設備とする。機能が異なると訓練の効果は薄れる。

② 設備の故障など、異常発生時の対応訓練（トラブルシューティング）ができるようにする。

　補足

　　トラブルシューティングとは、問題の根源を体系的に探索し、順を追って解決してゆく問題解決の手法である。

③ 仕組みや作業手順を守らないと、どんな災害・不具合（感電・短絡事故など）につながるのか模擬体験できるようにする。
　　"失敗に学ぶ" ことは、失敗を少なくする効果的な方法である。

④ "育つサイクル" を回すのに必要な自ら学べる（自習）場所、分かり易い教材（実例の解説を多く）の整備をする。

　注意

　　訓練設備の取扱いによる災害・不具合が発生しないよう訓練設備の潜在的な危険（感電など）の洗い出しと除去をしっかり行う。

　訓練設備は、鉄道の運転訓練など様々な分野で工夫された訓練設備（シミュレーターなど）が整備されている。

　「 36-3 （2）権威勾配への対策」で解説する飛行機パイロット向けの CRM は、訓練設備を計画する際、特に参考となる訓練方法である。

～ EQ と SQ を高めるのに不可欠な能力

メタ認知とは、自己の認知活動（知覚、情動、記憶、思考など）を客観的に捉え、評価した上で自分自身をコントロールする能力のこと。客観的とは、鳥になって空から自分を観察するイメージである。

パワーハラスメントを注意される人は、メタ認知能力が低いといえる。

【事例】

> 認知　部下の作業が遅いので、やたら腹が立つ。

> メタ認知　部下の立場で考えると、初めての作業で不慣れでもあり、慎重になるのはやむを得ない。自分も若い頃は同じだった。

メタ認知能力が低い人は、事実だけを捉えると小さな悩みでも、拡大解釈をして大きな悩みにしてしまう。そのため、他人の悩みは客観的に捉えることができるため小さく見え、自分の悩みは大きく感じる傾向にある。

メタ認知能力が高い人は、自分の悩みを客観的に捉えることができるようになるため、悩みを拡大解釈することはなくなり、逆境力（レジリエンス）が身に付くことになる。

メタ認知能力の向上には、「 35-2 二項対立の思考法」が役立つ。訓練としては、次に解説するロールプレイング（役割交換）が効果的である。

（1）ロールプレイング（役割交換）

ロールプレイングは、1923 年に心理学者のヤコブ・レヴィ・モレノが心理カウンセラーとして相手（患者）の立場を理解するために使った技法を基に発展、一般化したもの。

（2）保守点検者のロールプレイング実施事例
　　　～役割交換による疑似体験

■**目的**　作業者として不具合処理の体験をする。また、顧客、観察者
　　　（第三者）の立場を経験することで、よりよい対応処理の仕方
　　　を身に付ける。

■**ロールプレイングの実施要領**
　実践的な訓練環境設備を整備し活用する。
　◇　訓練（不具合や顧客からの質問内容）する複数のシナリオを事前
　　　に準備する。
　◇　一つの訓練時間は、15 分程度とする。
　◇　作業者は一人か二人、顧客役は一人、観察者は十人以内が好ましい。
　◇　作業者、顧客役、観察者をどの順番で、どんな不具合処理を体験
　　　するのか、講師が決める。出来る限り各自が作業者、顧客役や観
　　　察者の役を体験できるように計画する。
　◇　顧客役になったら作業者が先輩でも顧客としての対応に徹する。
　　　（難しい質問も遠慮しない。もちろん後味が悪い訓練にならないよ
　　　うに言葉使いなどには留意する）

【不具合対応のロールプレイング実施例】
　"電気設備の点検時に発生したトラブル処理"を教材に実施した
事例を紹介する。
■手順
①　講師がロールプレイングの要領を参加者全員に説明する。
②　作業者には発生する不具合内容を知らせず、手順通り点検を進
　　めてもらう。
③　作業の途中で警報が発生する。作業者がトラブルシューティン

グにより不具合を処理した後、顧客役に不具合原因と今後の対策などについて説明する。

④ 一つの訓練が終わったら、作業者の対応について、観察者、顧客役、講師が良い点、改善点をコメントし、更によくするためにはどうしたらよいか意見交換をする。作業者自身も対応として改善する点があれば申し出る。

　作業者と顧客の立場を経験し、観察者として客観的に対応要領の良し悪しを考えることで、より実践的な作業要領を身に付けることができる。また、業務に応じて、人数や役割交換、手順などを工夫すれば、新人はもちろんのこと、顧客対応が上手にできない熟練者（自分の能力を過信し顧客からの評価が低い人）でも効果が見込まれる。

16－3　個々の技術の伝え方

【技術の伝え方に問題があった事例】（作業指導者から新人への作業指示）
　作業指導者が、ある製品の中に付着した異物を落とすために木槌のたたき方を新人に指導した。（製品の硬いところをたたいて見せたが、細かいことは説明していない）

　同じようにたたくように言ってその場を離れ、別の仕事をして、新人の作業が終わった頃に戻ったところ、製品のまわりが大きくへこんでいた！　もちろんその製品は、作り直しである。

■新人の理解
　新人は、作業指導者の言葉の中で「異物を落とす」ことだけが頭に残り、作業指導者が、どの様にたたいていたのか、注意すべきことは何なのかを理解せず作業した。作業の正しいやり方を理解していなかったことが、作業不良の原因である。特に、作業指導者が、相手のレベルに合

わせる配慮に欠けている点に問題はあるが、背景には、作業指導者自身の作業スケジュールが詰まっていたことが根本原因にあった。

■指導者側の問題

製品を傷つけないように作業することは、当り前だと思っていた。

忙しい時、共有知識が少ない相手に対しては、説明した内容を再度確認するなどの慎重さが求められる。特にベテラン指導者は、当り前の知識に注意する必要がある。「 2-2 コミュニケーションに大切な共有知識」を参考に！

教訓

指導の"手抜き"は、後で何倍もの"つけ"となる。最初が肝心！

教育・訓練こそ"失敗の先取り（未然防止）"の原点である。

教え方は丁寧に、もれなく

① はじめに仕事全体の概要を教える。
これからする仕事が、全体の中でどのような部分なのかを教える。
② やり方を教える。失敗すると何が起こるかを教える。言葉や文章では伝わりにくい作業はやってみせる。特にカンとコツは丁寧に教える。分からない事は、遠慮なく質問できる雰囲気作りを心掛ける。
③ 結果を必ず見て理解度を確認する。改善点があれば指導する。
④ 一度に全部を伝える必要はない。相手のレベルに合わせる。
⑤ 個々はそれぞれに違うことを認める。

16−4　3現主義は学習に不可欠

　名前は忘れるが、顔はよく覚えている経験は誰もが持っているはず。聞くだけの座学で習得した知識の記憶量より、視覚情報による記憶量の方が多く、忘れにくい！

　忘れにくい視覚情報の記憶を使うには、現地・現物を見ることや体験が必要となる。

　従って、訓練や3現主義が効率よく学習する方法になる。

（1）3現主義（現場・現物・現実）は教育に不可欠

> 「**現場**」に足を運び、場を確認する。
> 「**現物**」を見て、物を確認する。
> 「**現実**」に目を向けて、事実を知る。

　話を聞くだけより、視覚情報となる現場、現物を見る。そして、事実を確認する方が、圧倒的に情報量が多く忘れにくい。だから、現場で現物を見て事実を知ることが、<u>知識として一生の財産になる。</u>

（2）漫然とみているものは記憶に残らない

> **質問**　毎日見ている千円札の表は、野口英世！
> 　　　　では、千円札の裏の絵はどんな絵ですか。

　沢山の方に、この質問をしたが、質問に答えられた人はいない。この事実は、毎日見ていても、無意識で見ているものは、記憶に残らないことを示している。

　従って、3現主義（現場・現物・現実）は教育に不可欠であるが、無意識で見ても記憶に残りにくい。何を目的に、どんな場所で、どんな物をしっかり見ないといけないのかを意識し、集中することが記憶を残す

ために重要となる。（動機付けができていると、やる気が生まれ、記憶に残り易い。「 4-1 やる気と集中力と記憶力」を参照）

16-5　PBL（Problem Based Learning）実務による課題解決型学習

　課題解決型学習・PBL は、ステップを踏んで学んでいく受動的な学習ではない。会社から提示された"改善が必要なテーマ"に対して課題を把握し、関係する理論や法則を能動的に学習し、改善案を考える実践的な教育であり、現場改善などの成果を伴う。言い換えれば、OFF-JT（座学）＋ OJT ＋小集団活動、または QC（品質管理）活動である。

■ PBL の狙い

（1）自ら学習する意欲を持ち、業務では積極的に課題を捉え改善策を考える自立型人材の育成。"知っている""分かる"状態から"できる"状態にするまで学習する。

（2）先人の知恵である様々な理論・法則を学習し、効率よく論理的に考える思考法や発想法を身に付け、的確な判断力やアイデアを生む能力の向上を図る。

（3）チーム思考の習得、EQ（知的指数）や SQ（社会脳）の向上でパワーハラスメントやメンタル不調者の発生を未然に防止する。

■ PBL による主な学習効果

（1）能動的な学習により実務で成果を出すことで、自ら学習する意欲を高めることができる。また、脳の感覚系学習回路と運動系学習回路を鍛えることで学習定着率が高まり、その結果、業務の効率（生産性）が向上する。（「❶ 生産性（成果）＝やる気×能力」の式が示すように、やる気と能力の向上は、生産性向上につながる）

（2）災害・不具合の未然防止策に様々な理論・法則を活用することで、効果のあるアイデアが出やすくなる。また、現場改善で起こる

トレードオフを回避することができる。トレードオフについては、「㉟ 至る所にあるトレードオフ」で解説する。

（3）チームの活動による実践的な課題解決能力の習得で、業務の効率が向上する。

（4）会社や職場における課題の理解と解決に関する意識が高まる。

■ PBL の進め方

　経営者、職場リーダーが改善してほしいテーマ（例　働き方改革）を提示する。テーマの現状把握、課題抽出を行い、関係する理論・法則を学習し改善策を検討する。

（1）グループ構成

① 4〜6人程度で1グループを構成し、多人数の場合は、複数のグループにする。

② グループ構成としては、極力異なる知識・能力を持っている人で構成する。

③ 権威勾配（権威の高低差）が小さいメンバー構成が好ましい。

④ 進行役と覚書を残す書記をグループ内で決定する。進行役と書記は講座毎に変えることを基本とする。また、進行役は講座をどのように進めるか事前に計画（会議のデザイン）しておく。

（2）学習の回数は5回程度とし、2回目以降の講座の進め方（スケジュールなど）は、業務との兼ね合いを考え、グループで自主的に決める。（学習期間は6ヶ月程度）

■参考　PBL の実施事例

学習の流れ	要領	主な手法など	講座
テーマの提示 実施要領説明 思考法・発想法 などの理解	経営者、職場リーダーがテーマを提示する。講師が PBL の実施要領の説明と学習が必要な教材を紹介する。（思考法・発想法の理解を深める）	講義により、思考法・発想法（チーム思考の要領やアイデアを生み出す水平思考など）について学習する。	第１回目
現状把握	職場で現状どんな課題があるのかを把握する為に必要な情報を収集する。	ブレーンストーミング・「17-1 やる気－能力マトリクス」などで現状把握を行う。	自習
課題の抽出	収集・整理した情報からどんな課題があるのか、漏れなく抽出する。	フィッシュボーンやマトリクスなどを活用して課題を整理し、優先順位付けを行い、取り組む課題を決める。	第２回目
課題の優先順位から取り組む課題を決める	改善する課題の優先順位（緊急度、重要度など）を付け、取り組む課題を決める。		視察
改善案のアイデア出し	類似の課題に対する改善事例を収集、調査する。改善に関連する理論・法則を学習し、アイデアを出す。	課題解決の参考になる他社・他職場を視察。または、活用できる様々な理論・法則を学習する。	第３回目
改善案の絞り込み	複数案の改善案に対して投資対効果などを比較・検討し、実施する改善案を絞り込む。	マトリクスなどを活用して改善案を比較・検討し、実施する改善案を絞り込む。	第４回目
改善案の試行・検証	改善案を実務で部分的に試行・検証する。改善案の更なる改良有無の確認を行う。	改善する上で確認が必要な機能などをチーム思考で抽出し、試行を計画、実施し検証する。	
改良検討	改良の必要があれば、その検討と改良の試行・検証を追加で行う。	改良案を含めた試行・検証結果をチーム思考により吟味、評価し、改善案を決める。	
改善案決定			
改善案発表	改善案と見込める成果、将来構想および学習した理論や法則について上司や他のチームメンバーに説明し、意見交換を実施する。		第５回目

17 生産性（成果）＝やる気×能力 (＊12)

　生産性は"やる気"と"能力"の掛け算である。<u>"やる気"と"能力"のどちらがゼロでも生産性（成果）はゼロになる</u>。"やる気"が逸脱<u>（近道行動・省略行為）に向かうと損失を生み、生産性（成果）はマイナスになる</u>。

　また、期待価値モデル"期待×価値＝やる気"の式（「**22-1** 適切な目標設定」で解説）がある。期待は能力がないと小さくなるので、能力がなければ、やる気も起きないことを示している。もちろん、やる気がなければ、能力もアップしない。やる気と能力は相互に影響する。

　しかし、やる気が高過ぎるのも問題がある「**㉓** モチベーションが高過ぎるのも問題」で解説）。その点を考慮し、どちらを優先すべきなのかは指導者の判断となる。例えば、新人なら最初からやる気のない人はいない。能力向上に力を入れると、やる気の維持につながり離職率も下がる。

17-1　やる気－能力マトリクス

　右図のように個々人のやる気・能力で４つに分けて対策することが効率的な方法である。採点は、自己申告と第三者（指導者）により実施、"やる気－能力マトリクス"のどのゾーンに入るのかを分類し、領域ごとに対策を考える。特にDゾーン（やる気も能力も低い）の対策が重要である。

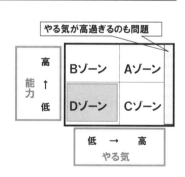

注意 ゾーンに分けたデータは個人情報であり、取扱に注意！

　業務の改善として、生産性向上の取組は盛んに行われているが、その多くは職場の作業改善が主体となっている。やる気－能力マトリクスは、人に焦点を当てた改善への取組であり、パワーハラスメント（やる気が高過ぎる人）やメンタル不調者（やる気が低い人）の発生を未然に防止する観点からも積極的に取り組む価値はある。

やる気定量化の参考文献

　林　恭弘 著『モチベーション』総合法令出版 (2005)

17－2　やる気－能力の改善策

（1）やる気の改善策

　「第4章　働き方改革にモチベーション（やる気）アップは欠かせない」を参考に！

（2）能力向上の改善策　～能力は、3つの要素の掛け算

　能力＝知識×技術・技能×（EQ＋SQ）

　知識、技術・技能、（EQ＋SQ）、それぞれの要素をバランスよく高める必要がある。特に EQ（知的指数）と SQ（社会脳）は、能力の中で重要な要素である。

　EQ と SQ については、「 15-4 　心を鍛える。IQ より EQ＋SQ」を参照のこと。

第 **4** 章

働き方改革に
モチベーション（やる気）
アップは欠かせない

“生産性（成果）＝やる気×能力”の式が示すように
モチベーションアップは、生産性を向上し、働き方改革の
推進エンジンになる。

18 実行力に精神力はいらない

18-1 実行力は、精神力でなく、動機付けで決まる

「私は実行力も集中力もない」と言っている人が、空き時間があれば
ゴルフに頻繁に行く。朝早く起きて、魚釣りをするために海辺に行く。
好きな事をする時は、睡眠時間を削っても行動する。誰もがこのよう
な凄い実行力と集中している時間を経験しているはずだ。このことは、
"動機付け（目標設定など）"や"環境作り"によって適切なモチベー
ション（やる気）が生まれ、誰もが実行力、集中力を発揮できることを
意味している。

　そして、多くの脳科学者は「夢に挑戦していれば、百歳になっても脳
は鍛えられるが、あきらめれば脳は衰える」と述べている。モチベー
ションは、健康維持にも重要な役割を果たしていることになる。

18-2 二つのモチベーション

　モチベーションを大きく分類すると"外発的モチベーション"と"内
発的モチベーション"の二つのモチベーションに分けられる。

（1）外発的モチベーション

　給料やボーナスのアップ・昇進、ほめ言葉など、自分の外からくる行
為でモチベーションが上がることを"外発的モチベーション"という。
外発的モチベーションは、即効性があり瞬間的な効果はあるが、続けて
いくとそれが当り前になり効果が薄れる。例えば、給与を上げると一時
的にモチベーションはアップするが長続きしない。モチベーションを維
持する為には、給与を上げ続ける必要がある。逆に給与が下がればモチ
ベーションも下がる。だから、外発的モチベーションは、根本的な変化

にはつながりにくい。

（2）内発的モチベーション

適切な目標が設定できた時、やりがいのある業務に取り組んでいる時、失敗しても気持ちの切替え（リフレーミング）ができた時など、自分の中から生まれるモチベーションを"内発的モチベーション"という。

> **東京大大学院教育学研究科　市川伸一教授らの調査結果**
>
> 「テストでよい点をとるために」「ゲームを買ってもらうために」との気持ちで勉強をし続けている子供よりも、「大好きな科目がある」「新しいことを知って物知りになりたい」という動機付け（内発的モチベーション）で勉強している子供の方が、圧倒的に高い集中力を維持しながら効果的な学習方法をとっている。

大人も同じである。仕事や遊びの面白さ、充実感、使命感を感じると内発的モチベーションがアップする。

内発的モチベーションが重要であり、内発的モチベーションによって働いている時の方が、集中力が高いのでミスも起こしにくく、良い結果を出すことが分かっている。

18-3　第三者によるモチベーションアップ

悩みがありモチベーションが下がっている時、自分だけで悩んでいると、思い込みからはなかなか抜け出せないことが多い。そのような時に解決を諦めるのではなく、経験と知恵があり信頼している第三者（先輩や上司）に相談にのってもらうことが解決への早道である。

■座右の銘

　相談にのってもらう人がいない場合でも、先人の知恵を使って悩みを解決する方法が"座右の銘"である。先人の残した言葉には、悩みの解決策が沢山盛り込まれている。

　"座右の銘"とは、生きていく上で自分が目指す理想であり、悩んだ時の希望であり、常に信条として自分を励ましてくれるものであり、過ちを犯さないように戒めとなる言葉である。

　自分が好きな言葉、自分が尊敬している人の言葉などを悩んだ時の心の支えや判断に困った時に使う。だから、成果を出している先人の名言を"座右の銘"として覚えておくと、気持ちの切替え（リフレーミング）が直ぐにでき、判断力、決断力があがる。

> **私の座右の銘**　　「**心頭滅却すれば火もまた涼し**」
>
> 　「どんな苦痛でも心の持ち方で変わる」との意味である。

⑲　実践！　モチベーション（やる気）アップ

　次に示す「モチベーションがアップする"三つのこつ"」は、いずれも"強力な動機付け"を生み出す力である。やる気を生み出すポイントは、"自分の外からくる外発的モチベーション""自分の中から湧き出る内発的モチベーション"を理解し、その組合せを上手に使いこなすことである。

■モチベーションがアップする"三つのこつ"

其の一・強い絆（信頼関係）と集団同調

　職場内での信頼関係構築は何よりも優先する。

　信頼関係はコミュニケーションの潤滑剤である。

其の二・上手な気持ちの切替え

・フォワード思考

・フレームを切り替える "**リフレーミング**" とネガティブ思考を消し去る "**カウンタリング**"

其の三・人の心理を理解、実践

適切な目標設定が、やらなければいけない気持ちにさせる。

注意すべき点がある。やる気があれば、なんでもよいということではない。ギャンブルなどは、デメリットがあることを自覚し、やり過ぎないように抑制することが重要となる。

また、過剰なモチベーションは、ミスを増やす原因にもなり、その点も注意しなければならない。（「❷❸ モチベーションが高過ぎるのも問題」で解説）

20 其の一・強い絆（信頼関係）と集団同調

20−1　アメとムチの法則に必要なメタ認知能力

"アメは報酬" "ムチは罰" を表す。この法則は単純ではない。
アメとムチを与えるタイミングやその量を間違えると、かえって意欲を失う。

1970 年代、私が学生だった頃は、強烈なムチが至る所にあった。それを激励と感じることもあった。だが、最近では様々な実験で "ムチ" が意外と役立たないことが分かってきた。

"言われたことをやる時代" から "自分でやりたいことを探して、それができる時代" になったからだと感じる。リーダーとして人をコントロールするのが上手な人は、相手が望ましい行為をした時はしっかりと

ほめて、ミスした時は叱責するのでなく、原因と対策を求め、同じミスをしないように指導する。

　リーダーとして評価が高い人ほど自分がコントロールされる側（指示される側）だったら、どう言われたら積極的に行動するのかを考えて指示、指導をしている。つまり、リーダーはメタ認知能力を保有することが必要条件であり、メタ認知能力が優れたリーダーは、無意識で"アメとムチ"を使いこなしている。（メタ認知能力については、16-2を参照）

20-2　連続強化と間欠強化でモチベーションアップ

　アメとムチの与え方には、二種類ある。連続強化と間欠強化である。

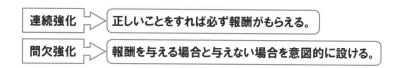

　この連続強化と間欠強化を使い分けることで、人間はコントロールできることが分かっている。

基本的には連続強化が有効である。

　頑張れば報酬をもらえ、頑張りが正当に評価されると、報酬を与える人と与えられる人の信頼関係ができる。しかし、厄介なことに報酬をもらうことが連続する状態になると"報酬に飽きる""報酬が当り前"の状態になり、報酬がやる気につながらなくなる。

　または、報酬がないとやらなくなる。長期にわたってやる気を引き出すには、連続強化で信頼関係を築き、次に間欠強化に切り替え、相手に意外性を与える必要がある。

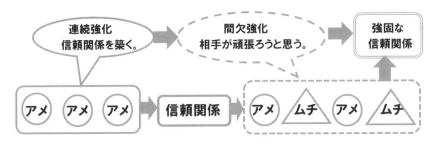

　信頼関係ができなければ"ムチ"は"パワハラ"であるが、信頼関係ができると、"ムチ"は"教え"になる。

　怪しげな新興宗教で信者を集める時、この連続強化と間欠強化の2種類のアメとムチの与え方を駆使し、マインドコントロールをしている。

　最初の頃は、教祖にお布施をすれば、本人にとってありがたい説法を聴くことができる。つまり、連続強化の状態である。それが習慣化して教祖の言葉を信じるようになった頃に、苦言や厳しい説教などの間欠強化の状態に切り替える巧妙なプログラムを駆使している。その結果、「もっと熱心に通って、お布施を増やさないといけない」との気持ちになる。

　マインドコントロールというと"悪い意味"で使われることが多いが、やる気を起こし成果を出すための方法として非常に有効である。仕事で人材を育成する場合でも、外発的モチベーションである"ほめ言葉"や"報酬"などで信頼関係を作り、信頼関係をベースに適切な目標設定（行動目標）と実行を促す。その実行が成果につながると、外発的モチベーションがなくなっても、やる気が継続し、成長することになる。
（行動目標については、「 22-1 適切な目標設定」を参照）

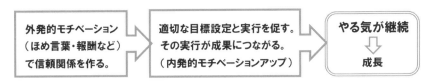

　時間が掛かっても、成果につながることが重要である。成果が出ることで信頼関係がより強化される。信頼関係が出来た相手の言葉なら、一

言でもやる気は生まれる。

【事例】 高校野球　９回裏の攻撃　２－７で負けている場面

> 信頼している監督からの言葉
>
> 　今までの苦しい練習を思い出せ。点差を考えず、まず一球一球に集中して一塁に出ることを目指せ。やろうと思え。できるとイメージしろ。
> 　全力でやれば、結果がどんな結果でも悔いは残らない。

「もう無理」と思っていた選手全員がやる気を起こす。

【留意する点】 「  集団になると起こる様々な社会心理」で解説したように信頼関係で結ばれた集団がマイナスに働くこともある。リーダーの道徳や倫理観が重要で、時代劇に出てくる悪徳代官になってはならない。

20-3　やる気を引き出す仕事の与え方

ポイント 上司が部下の仕事に対して注目している姿勢を忘れないこと。

こんな上司が部下のやる気をつぶす

一見好意型　部下の提案には耳を傾けるが、そこで終わってしまう。「よい提案だね」「前向きに考えておこう」と言って、後で不採用にする。

責任転嫁型　提案や意見に対して上司としてのバックアップに欠ける。

制約条件型　各種制約条件を出して部下の改善や提案の可能性にフィルターをしてしまう。「人がいないからできない」

など。

完全否定型　内容を十分に聞かないで頭ごなしに否定する。
　　　　　　　　やる気を削いでしまうので要注意！！

　仕事を指示する時、能力に応じた権限と責任の委譲が大切であるが、それと共に本人の意見も聞き、仕事の目的と目標（仕事に関する動機付け）をはっきりさせることが仕事への取組み意欲を高める。

　そして、何よりも陰気なリーダーではなく、明るく前向きなリーダーとして見本を示すことが大切である。職場内でのロールモデルになれば自然と職場が活性化する。

　その理由は、「 15-5 ロールモデルがなぜ有効か」を参照のこと。

20-4　"ほめる・注意"のタイミング

① よい点があれば、直ぐにほめることが大切。相手によい影響を与える。（◎）

② 忘れたころにほめるのは「何でいまさら」「何か意図がある？」などと感じ、効果がなく、悪い影響さえ与えることがある。（△）

③ 直ぐに注意する。"注意されたこと"が具体的で、納得できる内容であることが重要である。（○）

④ 忘れたころの注意は、相手に対して最も悪い影響を与える。
　"ほめること"と一緒で、忘れたころに注意されても、素直に納得できない。（×）

	直ぐに	忘れたころ
ほめる	◎‥①	△‥②
注意	○‥③	×‥④

直ぐに“ほめる・注意”が効果的である。これを**“即応性効果”**という。

注意をする場合、“即応性効果”以外にも以下の点に気を配る必要がある。

■注意をする時に気を配る点

①　**“ブーメラン効果”**（「 22-9 　心理的リアクタンス」の一つ）に注意

　　注意で相手の反発（ブーメラン効果）を招かないよう相手のレベルに合わせ、分かり易く、相手が納得するまで注意をする。また注意した後、望ましい行動が継続するように支援することも重要である。

②　１対１で注意

　　集団の中で注意することは避ける。また、詰問口調で相手を責めるなど感情的な言い方はしない。

③　心掛ける姿勢

　　相手が望ましい行動に変わることが注意の目的であることを忘れてはならない。思いやる姿勢、傾聴の姿勢を心掛ける。

④　相手との信頼関係と権威勾配（権威の高低差）

　　注意する相手との信頼関係に自信がない場合は、一緒に解決する姿勢で対応する。また、相手との権威勾配が急な場合、会話が一方的にならないよう相手が答えやすい質問から始める。

21　其の二・上手な気持ちの切替え

21－1　バックワード思考とフォワード思考

　過去にこだわる気持ちを未来に切り替えることで、やる気を起こすことができる。

　フォワード思考が、人生を明るくする。

> ### 「べんかいのうまい人間　あやまりッぷりのいい人間」
>
> 詩人・書家　相田みつを氏の言葉

　弁解は、どこまでいっても弁解であり、元に戻ることができないバックワード思考である。謝れば、過去のことはリセットでき、「人生は、どこからでもやり直せる」と考えると、前に進むことができる。"あやまりッぷりのいい人間"は、フォワード思考である。

> ### 「これからが　これまでを決める」
>
> 浄土真宗　真宗大谷派の名僧　藤代聡麿氏の言葉

　「思い通りにいかなかった出来事は、これからの行動で失敗になるか、成功につながる学びになるかが決まる」との意味である。前向きな気持ちへの切替えに役立つ言葉である。

　大きな成果を生んだ著名人が同じようにフォワード思考の名言を残している。

> ### 「私は失敗したことがない。ただ、１万通りのうまく行かない方法を見つけただけだ」
>
> トーマス・エジソンの名言

> ### 「失敗したところでやめてしまうから失敗になる。成功するところまで続ければ、それは成功になる」
>
> 松下幸之助の名言

〜やる気が出るか出ないかは自分次第である！

（1）"ハーフフルのすすめ"

　コップに水が半分入っている。二通りの見方がある。「もう半分しかない」「まだ半分ある。（ハーフフル）」の二通りである。この時の見方は、「まだ半分ある」とプラス思考に切り替えることが、やる気を出すための基本である。これを **"ハーフフルのすすめ"** という。

　物の見方や考え方がつくるフレームを切り替えると、やる気を出すことや、面白味を見つけることができる。つまり、<u>やる気が出るか出ないかは自分次第である。</u>

　"ハーフフルのすすめ" を常に頭の片隅に置いておくと、やる気がなくなりそうな時、自分の気持ちをコントロールするのに役立つ。

┌─**元野球選手の講演会での話**───────────

　現役時代、初めて目標としている"打率３割"を打つことができた時のことである。

　嬉しいと共に、打率３割を毎年継続できるかどうか不安になった。そんなある日、ある将棋の名人と二人だけで話す機会があったので、その不安を打ち明けた。

　その時、名人からの一言。

┌─────────────────────────────┐
将棋は、３割の勝ちでは上位に行かない。７割以上勝たないとダメ。
野球は７割も失敗ができる。３割の勝ちでよいのは楽な勝負である。
└─────────────────────────────┘

　元野球選手は"７割失敗ができる"という将棋の名人の言葉を聞いて、急に気持ちが楽になり、打率３割を継続するきっかけになったという。

（2）リーダーのリフレーミングが組織を活性化させる！

リーダーの一言で気持ちが切り替わった話

　これから戦いに行こうとする直前、王様は主だった武将を大広間に集めた。かなりの人数になり、大広間はぎゅうぎゅう詰めである。「もうこれ以上、大広間には入れない」と思った瞬間、なんと大広間の床が抜けたのである。

　大広間に集まった武将たちの顔色が変わった。だれもが敗戦の不吉な予感を抱き不安になった。でも、王様だけは違っていた。ニコニコしているのである。そして、王様はみんなの前に立って言った。

　「床が抜けたぞ、これは敵を踏み潰す前ぶれだ。エイエイオー！」

　その言葉で、不安になっていた武将たちの気持ちは一気に変わったのである。

（3）リフレーミングができない“皮肉効果”

　嫌なことや辛いことを考えまいと思えば思うほど、かえって嫌なことや辛いことを考えてしまうことがある。この心理現象を**“皮肉効果”**という。

■ “皮肉効果” の実験

　被試験者に「これから５分間、シロクマのことを考えないようにしてください。シロクマ以外のことならなんでも結構です」とお願いすると……被試験者は、シロクマのことを考えないようにしようと素直に思うが……“考えない”と強く思えば思うほどシロクマのことを考えてしまう。

　皮肉効果の対策は、スポーツ、カラオケ、マインドフルネス瞑想などで気分転換（リフレッシュ）することである。

　人はどうしても物事をネガティブにとらえる傾向にある。自衛本能によるものでやむを得ない。

　「過去に失敗しているからな〜」「このプロジェクト、成功するかどうか不安だ」

　このように頭の中でする会話（自問自答）を脳内コミュニケーションという。この脳内コミュニケーションが、頭の中で繰り返されることは、誰もが経験しているはず。脳科学の研究によると、1日になんと5万回もの言葉のやり取りが脳の中で繰り広げられているという。

　脳内に浮かんだネガティブな言葉に対して "いやまてよ" "でも" と切り返す。この切返しが **"カウンタリング"** である。脳には自分が発した言葉に従って物事を実行しようとする働きがある。落ち込んだ時、声に出して "まだ大丈夫" と脳に働きかけると、より効果的な自己暗示になる。

　「このプロジェクトが成功するかどうか不安だ」と思ったら、「いやまて。不安や心配は妄想だ。まだ起きていないことを心配するなんておかしい」と切り替える。

　カウンタリングし、ポジティブな気持ちになったら直ぐに行動を起こす。それを習慣化すれば、悩みやすい人は新しい自分自身に出会えるはずである。

昔話　"ましての翁"（＊13）

　近江の国に普段から何事にも「まして、まして」と言う "ましての翁" と呼ばれる老人がいた。暑い日に道で出会った時、「本当に暑いですね」と挨拶すると……

　その老人の返答は、「暑いには違いない。人間の世界でもこのく

らい暑いのだから、まして焦熱地獄ではどのくらい暑いのかはかり
しれない。それを思えばこの位の暑さは辛抱しなければならない」

　寒い日に道で出会った時、「たいそう寒いですね」と挨拶すると

　その老人の返答は、「寒いには違いない。人間の世界でもこのく
らい寒いのだから、まして八寒地獄にでも落ちたらもっと寒いはず、
その寒さを思うと、このくらいの寒さは我慢しなくてはいけない」

　老人は、このように何事についても「まして、まして」を連発し、
いつもニコニコしながら生活をしていたという。

解説

　この〝ましての翁〟と言われている老人は、「まして、まして」
と言ってネガティブな気持ちを切り返している。その結果、悩み
の少ない人生を送ることが出来ている。但し、「㉗ 機能しない楽観
性」に注意が必要である。

22　其の三・人の心理を理解、実践

22−1　適切な目標設定

〜行動目標ができるイメージをつくる

（1）三つの空間と目標

快適空間	現時点の能力で達成可能な空間。ストレスもなく実行できる。
挑戦空間	努力すればできる空間。この空間の目標を行動目標という。
混乱空間	能力をはるかに超えた空間。この空間の目標を結果目標という。

目標の設定の仕方は重要である。目標設定は、結果目標より行動目標！

　脳は、適度なストレスがあると活性化する。ストレスが無くても、ストレスが過剰でも脳の活動は低下する。<u>できるイメージが浮かぶ行動目標が最適な目標設定となる。</u>（その理由は、「 22-4 よいイメージは、成功の秘訣」で解説）

【事例　マラソンでの目標設定】

　ある市民マラソンで、ゴールに駆け込む選手を観察した結果、上位は喜び、下位は落胆している。その中で下位なのに満面の笑顔でゴールする選手がいた。

　①下位で落胆している選手の目標　　上位入賞　　　　（結果目標）
　②下位で落胆していない選手の目標　自己の最高タイム（行動目標）

　やる気の出る目標は、自分の努力次第で達成できる目標"行動目標"を設定することである。行動目標で設定すると、やる気が出ると共に集中することができる。

　最終目標が能力をはるかに超えている高い目標（結果目標）の場合、いきなり結果目標を目指すと挫折する可能性が高くなる。このような場合、小刻みに目標を立てて実行する（目標1，2，3）ことが、やる気を維持する秘訣である。

　これを"**スモールステップの原理**"という。

（2）目標設定チェックのフレームワーク SMART（スマート）

1981 年、ジョージ・Ｔ・ドランが提唱したフレームワーク。

何をするかが決まったら、「どのような状態になれば、達成したと言えるのか」という具体的な目標に落とし込む。この時に使うのが、**“フレームワーク SMART”** である。

SMART で確認しながら、目標を設定することで、誰が見ても認識の差がなく、やりがいを感じることができる目標設定となる。

目標の設定を間違えると、モチベーションが下がるので非常に重要である。

目標は、具体的・測定可能・達成可能・現実的・期限付きであることが望ましいことから、次の SMART でチェックすることが効果的である。

Specific	目標が具体的か。
Measurable	成果が定量的に測定可能か。
Achievable	達成可能か。
Realistic	目標は現実的か。
Time-bound	期限がしっかり決められているか。

この SMART を使い、チーム全員で目標レベルの分析をすると、適切かつ納得感のあるゴール設定ができる。

（3）期待価値モデル "期待×価値＝やる気"（Wigfield & Ecctes, 2000）

　"期待×価値＝やる気"の式は、やる気を示す一つの理論で、"期待"がゼロでも"価値"がゼロでも、やる気がでないことを示している。

　"期待"とは、「成功する見込みがあるかないか」を示すものである。例えば、頑張っても達成が困難な結果目標では、成功する見込みが小さいので"期待"の値は小さくなり、やる気は出ない。努力すれば達成できる行動目標だと"期待"の値は大きくなり、やる気が生まれる。また、能力を向上することでも成功する見込みが上がり"期待"の値も大きくなるので、やる気につながる。

　"価値"とは、「やることに意味があるかないか」を示すものである。"価値"を分かり易く表現した言葉がある。

> 「人間にとって最も恐ろしい罪とは、何から何まで
> 徹底的に無益で無意味な労働を科すことだ」
> 　　　　　　　　　　小説家であり思想家　ドストエフスキーの言葉

　例えば、「朝から壁を塗って、塗り終わった後、夕方までに塗った壁を壊す」といった仕事である。まったく"価値"のない仕事であり、やる気がでるはずがない。

　「 22-2 ラダー効果」は、仕事の意義を見出し"価値"を上げる方法である。

　「 22-3 リンク効果」も、能力の向上と共に前後の業務とのつながりを意識することで、自分の業務の"価値"を上げることにつながり、やる気を出す方法となる。

22-2　ラダー効果　仕事に意義を見つけ、やる気につなげる

　皆さんは、毎日単純作業に追われて、動機付けや意義と言われても難しいと思っていませんか。または、「何のために仕事をしているの？」

と聞かれても「給料のため」「生活のため」とだけしか思い浮かばない方も多いのでは？

日常の仕事の奥に、動機付け（仕事の意義）についてのヒントがある！

ある村の左官職人の話　どんな仕事にも夢を咲かせる種がある！

　　毎日の単調な壁塗りに嫌気がさしていた左官職人がいた。そこに知合いが通りかかり、こんなやりとりがあった。

知合い　「やりがいのある仕事だね」

職人　「壁を塗るだけのつまらない仕事で、お金のために働いているのさ」

知合い　「あんたのお陰で、新しくてこのあたりでは一番立派な神社ができるんだからそれは素敵な仕事だよ」

　　知合いの言葉で、職人は「新しい自慢ができる神社を建てていると思えば、凄いことだな」と気付いた。翌日、今度は腰の曲がった老人が通りかかり、職人に尋ねた。

老人　「何をしているの？」

職人　「新しい、村の誰もが自慢できる神社を建てているんだ」

老人　「それは凄いね。出来た神社に参拝すれば、私の病や妻に先立たれた悲しみも癒されるかもしれないね」

　　その言葉を聞いて、職人は自分が造っているのは単なる建物ではなく、その建物が町の人の“心が癒される場”になることに気付いた！　この話のポイントは、概念をさかのぼることで“自分の仕事の意義”を見出すことができることをいっている。

この方法を"**ラダー効果**"という。ラダーとは"はしご"の意味で、「トマトは野菜」「野菜は食べ物」というように概念をさかのぼる方法である。

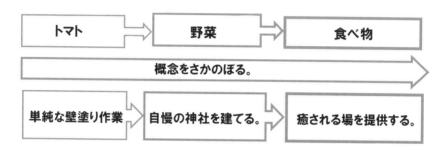

概念をさかのぼることで、見慣れたものから新たな価値を見出すことができる。

例えば、機器の製造ラインで、毎日の仕事が単純でやる気が出ない人は、このラダー効果を使い、自分が手掛けている機器が"どんな製品"に組み込まれ"どこに設置され""どのように使われ""どのように社会に貢献しているのか"もし自分で分からなければ、先輩や上司に聞いて自分の仕事の意義（価値）を見つけることをお薦めする。

更に話を聞いただけでは不十分と感じた場合、製品が稼働している現場を視察すると、自分の仕事に対して、よりはっきりとした意義（動機付け）を見出すことができるため、確実にモチベーションアップにつなげることができる。

【事例　毎日、単純なネジ締めをしている作業者のモチベーションアップ】
　毎日、単純なネジ締めをしている作業者がいた。
　子供に仕事の内容を聞かれても、自分の仕事に誇りが持てなかったので、具体的な説明ができなかった。それを知った上司が作業者に次のような説明をした。

　あなたのネジ締め作業は、＊＊という製品の耐震性を左右する重要な作業で、ネジ締めが不十分だと、その製品の大きな不具合につながる。そして、その製品は社会インフラを支えている設備の心臓部に使われているので、製品の不具合が発生すると生活に大きな影響を及ぼす。

　説明をした後、フィールドで稼働している製品の視察に連れていき、製品の重要性を肌で感じてもらった。

　それから、その作業者は自分のネジ締め作業を子供に説明できるようになった。

　父さんの仕事は、社会インフラを支えている＊＊製品の製造部門にいて、その製品の耐震性を確保するために一番重要なネジ締めの作業をしているのだよ。

　もちろん、それから単純なネジ締め作業にも集中するようになった。

仕事に集中できるようになったのは、**“ラダー効果”** によるものである。

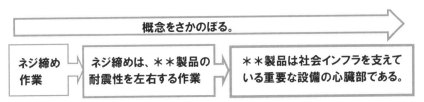

　モチベーションアップと集中力アップのために、作業者が関わっている製品の写真や模型を展示している職場がある。この方法も作業者がどんなに重要な製品に関わり、重要な作業をしているかを視覚的に学習することができるので、モチベーションアップに大いに役に立つ。

22-3 リンク効果　仕事のつながりを理解してやる気を起こす

　業務の連携を実感することが、モチベーションアップにつながる。

　業務の細分化により、自分が仕事の流れの中で歯車のように思え、モチベーションが下がる場合がある。また、現場作業に限らず単純な作業の繰り返しは、モチベーションが下がり易い。<u>自分の業務領域を前後の工程に広げ、仕事のつながりを理解することで、モチベーションを維持する方法を**"リンク効果"**</u>という。

　1990年代はじめ、バブル崩壊後に現場の生産ライン（コンベヤライン）が大きく変わった。多能工化（一人の作業者が多くの技術・技能を習得）することで、製品を一人で完成させるセル生産方式（一人屋台方式）の登場である。この方式がリンク効果を使った代表的な方法であり、技術・技能の習得、作業範囲の拡大と製品作りの達成感がモチベーションアップの源になっている。

　スタッフ業務でも同じである。例えば、営業なら販売だけでなく、業務範囲を広げ、現場に設置された製品がどのように使われているか調査し、更に顧客の要望を聞くことで、製品の改善点や市場ニーズを把握することができる。重要なマーケティングである。その情報が製品作りに活かされ、販売が拡大すれば、自然とやりがいが生まれることになる。

22-4　よいイメージは、成功の秘訣

（1）自己暗示は、潜在能力を活かす方法

　プラスの思い込み（自己暗示）は、内発的モチベーションアップのポイントである。効果がない小麦粉を「○○によく効く薬だ！」と言って飲ませると、飲んだ人の免疫力が上がり、三分の一に効果が出る。これを**"プラシーボ効果（偽薬効果）"**という。

　逆に「これは副作用が出る薬だ！」と言って飲ませると本当に副作用

が出る。これを"ノーシーボ効果"と言う。

　スポーツの世界では、イメージトレーニングを取り入れている選手が多い。脳の特性の一つである"脳は想像を現実と錯覚する"という事実がある。

「梅干しやレモンを想像すると勝手に唾液が口の中に広がる」

　この体の反応が、まさにこの事実を証明している。実際に口の中が空っぽでも、以前の記憶からその酸っぱさを想像し、脳が反応して唾を出す。つまり、自分の成功した体験だけを強く頭の中でリピートすることを習慣化すると、悪いイメージに引っ張られて委縮することはなくなる。従って、できると思う目標設定（行動目標）が重要である。できると思う目標だと、やる気も生まれる。

近くの公園で少年野球を見ていた時の話

　前の打席で、明らかにボールの球を振って三振した子供がいた。次の打席でコーチから指示が飛んだ。

コーチ　よくボールを見ろ。いいかボールをよく見るんだぞ！

　少年は、言われた通り真剣なまなざしで必死にボールを見ようとしている。その結果、ストライクでもバットを振らない。それを見ていたコーチから、また厳しい指示が飛ぶ。

コーチ　バットを振らなければボールに当たらんぞ。無心でバットを振れ！

　「ボールをよく見ろ」「無心でバットを振れ」とたて続けに言われると、どうしたらよいのかイメージが湧くはずがない。少年の困った顔から、少年がどうしたらよいのか分からなくなったことが、手に取るように見て取れた。案の定、結果は見送りの三振であった。悪いイメージを持っているとモチベーションは下がるので注意が必要である。

　いくらやる気があっても"失敗するのではないか"という思いが強いと、物事をやり抜く可能性は小さくなる。

初めてのスキーで、上手に滑りたいとの強い意志を持っている時

　"上手にかっこよく滑っているイメージ"を持っている人と"ころんで骨折したイメージ"を持っている人では、前者の方が早く上達する。

　上手に滑りたいと強く思っていても、悪いイメージが足を引っ張ることになる。

　マイナスのイメージや失敗した時の不安感を持っていると、行動が制限され集中力が出ないからである。

（2）コミットメント効果　（コミットメントとは宣言の意味）

　人の心理には、**"一貫性の原理"**というのがある。"一貫性の原理"とは、人に言われたことは放置しても、自分で決めたことは最後までやり抜こうとする心理、自己暗示である。「宣言したことは"やろう"というモチベーションアップになり、成果にもつながる」これが**"コミットメント効果"**である。従って、28-5 "ヒヤリ・ハット"の収集に役立つ３行日記」で解説している"明日の目標"を書く事は、コミットメント効果が働くため、モチベーションをあげる方法としては非常に有効な手段となる。

22-5　期待をかけてやる気を起こす！

（1）ピグマリオン効果　別名　教師期待効果

　生徒を対象に実施した実験で、教師が期待をかけた生徒とそうでない生徒では成績の伸びに明らかに違いが見られた。この実験結果から、生徒への期待値が、その後の成長を決定付ける大きな要因の一つになると考えられた。

　部下や生徒に期待を掛けると、それが実現する。これを "ピグマリオン効果" という。1964年、教育心理学者のロバート・ローゼンタールが提唱した心理学用語である。

> **補足**
>
> **ピグマリオン効果の由来　〜ギリシャ神話**
> 　昔、ギリシャに彫刻の上手なピグマリオンという名前の王様がいた。ある日、自分が作った理想的な女性の彫刻像に自らが恋をしてしまった。この彫刻像を妻にしたいと熱烈に願い祈っていると、愛と美の女神アフロディーテが、その願いを聞き入れ、彫刻に生命を与え人間にした。

　現場の巡回では、厳しい指摘だけでなく、働きぶりに注目し、作業者のやる気の醸成を心掛け、期待を掛ける言い方を心掛けると生産性が上がることになる。

（2）ゴーレム効果

　"ピグマリオン効果" とは逆に、どうせだめだろうと部下や生徒に接していると、本当に能力が伸びない。これを "ゴーレム効果" という。ゴーレムとは、ユダヤ教の伝説に出てくる泥でつくった人造人間のこと。

22−6　やる気を引き出すほめ言葉

（1）"ほめる" ＝ "相手を認める"

　"ほめる" ＝ "おだてる" ではない。"ほめる" ＝ "相手を認める" ことである。

　心理学者アルフレッド・アドラーは、幸福を手にするために共同体感覚が大切であると説いた。共同体感覚の一つに、存在してもよいと実感する "所属感" がある。人は誰でも "認められたい" と思っている。つまり、自分が認めてもらえる場所を探している。

　不良グループや暴走族グループに入るのは、自分が認められる場所を探しているためである。そして、ほめることも、注意することも、<u>相手がやる気になること</u>が<u>目的</u>であることを忘れてはいけない。

（2）ほめ方、注意の仕方を間違えると逆効果！

　　　◇ ほめても部下は言うことを聞かない。
　　　◇ ほめるとつけあがり、反省しない上に更に好き勝手なことを主
　　　　張する。

　尊敬している上司や信頼している人、好意を寄せている人からほめられると嬉しい。逆に、尊敬できない上司や高圧的な人からほめられたらどう感じるか。「あなたに言われたくない」「偉そうなもの言いだな」など否定的に感じる。

　フランクに言える信頼関係が出来ている時と、出来ていない時では言い方を変えないといけない。信頼関係が出来ていると、コミュニケーションがスムーズにいく。「 20−2 連続強化と間欠強化でモチベーションアップ」が役に立つ。

　注意の仕方にも気を配る必要がある。程度の違いはあるが誰でもミスはする。ちょっとしたミスを頭ごなしに注意したら、反発する人や落ち

込む人もいる。<u>結果的に委縮して、更にミスしやすい状況を作ってしま</u>う。<u>"池ポチャの法則"</u>である。

■池ポチャの法則

　「ゴルフをしている時、池が目の前にあり、池に入れてはいけないと思えば思うほどボールが池に落ちる確率が高くなる」つまり、<u>委縮がミスにつながる</u>という法則である。

（3）やる気が出る魔法の言葉とやる気を失くす悪魔の言葉

　魔法の言葉は、よいイメージを与えモチベーションを上げる。逆に悪魔の言葉は、悪いイメージを与えモチベーションを下げる。

魔法の言葉	悪魔の言葉
成功したら、ボーナスのアップだ。	失敗したら、ボーナスのカットだ。
大丈夫成功する。いい調子。	失敗するな。ミスするな。
気合だ！集中しよう。	もっとやる気をみせろ。
絶対に勝てる。	期待を裏切られた。
必ずできる方法が見つかる。	何回言ったら分かるのか。

22-7　正しいほめ言葉の五つの原則

　ほめ方の上手下手は、才能でなく、その人の心掛けで決まる。

■原則・其の一　　事実を細かく具体的にほめる

【効果がないほめ方の事例】
　　　君はできるから大丈夫だよ。必ず成績があがるよ。
　　　お前はこんなもんじゃない。やればできるんだ！

根拠が感じられず、いかにも見え透いた言葉に思われる。結果的に「適当なことを言う人だ！」と不信感をもたれかねない。

　成績が悪い人ほど"ほめるところ"や"ほめること"がない、と感じるかもしれないが、必ずどこか強みを持っている。しかし、ほめようとしても"ほめるネタ"が、それほど簡単に見つからない。そこで役立つのが「 28-5 "ヒヤリ・ハット"の収集に役立つ3行日記」の2行目"今日の仕事で上手にできたこと"である。書いてあることは事実であり、ほめるネタになる。

■原則・其の二　　相手に合わせてほめる

　相手がほめ過ぎと感じると"おだてる"結果になるので注意が必要。ほめ上手は観察上手。耳と目と心でほめる。

　ほめられると嬉しいタイプか、居心地がよくないタイプ（素直でない）か見極める。

相手は、本当にほめられたいと思っているか。相手の話をよく聞き、状況を見て、その様子をよく観察することが大切である。

■原則・其の三　　タイミングよくほめる。注意する

　「半年前の企画はよかった」では嬉しい気持ちが生まれない。相手がよい成果を出した時は直ぐにほめる。「 20-4 "ほめる・注意"のタイミング」を参照のこと。

■原則・其の四　　心をこめてほめる

　ボキャブラリーが豊富で、格調高く、美辞麗句を駆使すればよいというわけではない。また言葉でほめても、心でほめていない場合は、自然と態度や口調に本音が現れる。メタメッセージとして相手に伝わる。

　飾らない言葉を使いシンプルな言い回しで、気持ちをのせて伝えた方が、相手の心に響くことが多い。

> **補足**
>
> 　メタメッセージとは、<u>言葉の選び方、態度・口調・目線などで相手に伝わるメッセージ</u>のこと。メタメッセージは、言葉の意味よりも影響力が大きい。例えば、横を向いてお礼を伝えても相手にはいやみにしか聞こえない。

■原則・其の五　　おだてず、こびずにほめる

　"おだてる"とは、事実でないことをたたえること。"こびる"とは相手に気にいられるようにふるまうこと。ほめているつもりでも、ご機嫌取りのようになっていれば相手がつけあがってしまうのも当然である。正しいほめ方を理解し、実践することが重要である。

22-8　お客様をほめる時、年下が年上の人をほめる時は要注意！

<u>ほめ言葉の基本は、上から目線である。</u>

　お客様をほめる時、年下が年上をほめる時、言い方やタイミングを誤ると"いやみ"にとられ、関係悪化になりかねない。"いやみ"にならない効果的なほめ方について、五つの法則・戦法を次に紹介する。

■ほめ方・其の一　　アロンソンの不貞の法則

　<u>初対面の時に"さりげなく"ほめる！</u>
　「**なるほど、そうですね**」「**さすがです**」「**すごいですね**」などさりげない一言が劇的な効果を生むという法則である。

■ほめ方・其の二　　つぶやき戦法

　アロンソンの不貞の法則より、更に強力なほめ言葉になる**"つぶやき戦法"**がある。
　面と向かわず、少し離れてつぶやく。
　「**さすがだな～**」「**すごいな～**」「**なるほど……**」など

"思わず口から出た"という印象を相手に与える為、わざとらしさを感じさせない。だから相手は、素直に心からほめられていると感じる。アロンソンの不貞の法則は、初対面の時に効果があるが、つぶやき戦法は、どんな場面でも、どんな相手でも効果がある。

■ほめ方・其の三　　ウィンザー効果

　人をほめる時、直接「あなたは素晴らしい人だ」と言うよりも、誰か第三者に話をして、その人から「○○さんがあなたのことをほめていたよ」と伝えてもらうと、言われた相手は、直接言われた時よりもその言葉を信用し、ほめている人に好意を持ちやすい。

　<u>当事者よりも第三者の意見を信用する心理を**"ウィンザー効果"**</u>という。

　第三者からの話は、他の人にも広まっていると解釈され、わざとらしさも消える！

【第三者の意見を活用している製品販売事例】

　製品やサービスの良いところを"お客様の声"や"モニターの感想"といった形（第三者の満足度）で、ホームページや広告などに掲載して活用する方法

　第三者の満足度を伝えることによって、製品やサービスに満足している人が"大勢いる"というイメージを作り出せる。もちろん、購入した製品が掲載している内容と大きく異なると、過大広告となり評判が悪くなるので、事実に基づいた内容でなければいけない。

■ほめ方・其の四　　ほめ言葉を使わずにほめる"シーソー戦法"

　ストレートなほめ言葉が下手な人や、さりげないほめ言葉もできない人にお薦めなのが、**"シーソー戦法"**である。<u>自分を下げて表現することで、自動的に相手を持ち上げることができる。</u>

【シーソー戦法の事例】

① 先輩のようなスピーチは、私にはハードルが高過ぎます。

② 私には、先輩のようにスピーディな対応がなかなかできません。

　下から目線でほめる方法で、"さりげなさ"や"つぶやき"などのテクニックはいらない。

■ほめ方・其の五　　気難しい相手にも使える"質問話法"

　質問話法とは、「あなたってお話しが上手ですね」と言うよりも「どうすればあなたのようにうまく話せるようになるの？」と質問を使ったほめ言葉である。

　この質問には"あなたは話上手である"という前提が含まれているので、質問に答えてもらった時点で"話上手である"との前提を受け入れてもらえたことになる。

　ほめても素直に受け取らない人をほめると、「いや私の話などまだまだ……」と謙遜されてしまうが、質問話法だと抵抗なく受け入れてもらえる。

22-9　心理的リアクタンス

　1966 年、心理学者のジャック・ブレームが提唱した理論。

　心理的リアクタンスとは、他の人から行動を制限された時に自由を維持、回復しようとする心の働きのことをいう。

　反抗期の子供によく見られる。言われたことに対して反発し、逆のことをしようとするのは、心理的リアクタンスの代表例である。メタ認知能力を低下させる要因にもなる。

　メタ認知能力については、「 16-2 メタ認知能力の向上」を参照のこと。

【心理的リアクタンスの具体例】

① これからやろうと思っていた時に、やるように言われると、やる気が失せてしまう。例えば、仕事を頑張ろうと思っていたところに、上司に高圧的な態度で「早くこの仕事をやれ！」と言われると、やる気を失う。

② 子供に好き嫌いを無くすよう言うと、嫌いなものに対する抵抗感はより大きくなる。

③ 自分の考えを否定されると、その考えに固執し正当化する傾向がある。

（1）心理的リアクタンスによる様々な効果

■希少性の原理

　商品の販売数量、期間、地域などを限定することによって、それを手に入れる自由が制約されるため、何とか手に入れたいと思う気持ちが芽生える。その心理現象を**"希少性の原理"**という。

■カリギュラ効果

　禁止されればされるほどやりたくなる心理現象のことをいう。由来は、ローマ帝国の皇帝カリギュラをモデルにした 1980 年のアメリカ・イタリア合作映画『カリギュラ』からきている。

　この映画は、内容が過激であるがゆえに上映禁止が相次いだ。ところが禁止されたことで逆に大衆の興味の的になり、大きな話題になった映画である。

■ブーメラン効果

　相手の考えを否定し、強烈に説得しようとすると、かえって相手の反発をまねいてしまう心理現象のこと。人の説得を受け入れると、自分の

意志決定の自由を脅かされると感じるため、無意識に反発をする。

「やれ！というと、やらない」　「やめろ！というと、やる」

■ロミオとジュリエット効果

反対されればされるほど愛が盛り上がる効果のこと。シェイクスピアの有名な戯曲ロミオとジュリエットに由来する。この効果は恋愛に限らない。目標の達成に対して障害があると、かえって目標達成の意欲が高まる心理をロミオとジュリエット効果と呼ぶこともある。

（2）心理的リアクタンスとの上手な付き合い方

■マーケティングで見られる事例

強制や禁止で自由を束縛されると、その逆の行動を取りたくなる心理は、マーケティングで活かされており、希少性の原理・カリギュラ効果で早く買いたいという気持ちにさせる事例が身の回りに溢れている。

【事例】　◇年齢制限　◇時間制限　◇会員登録が必要　◇数量限定

営業の売り込み方にも注意が必要である。売らなければと焦り、一方的に売り込もうとすると、顧客は反発して購入する気持ちが出てこない。顧客判断の自由を尊重しながら交渉し、商品のことを知ってもらうことで、心理的リアクタンスを防ぐことができる。

心理的リアクタンスを防ぐこつ　〜四番目の靴〜　ある靴屋さんでのお話

ある靴屋さんに誰もが認める優秀な店員がいた。

開店と同時にお客様が来店した。この店に来るのは初めてのお客様である。

（お客様）「バスケットシューズがほしいのですが」

店　員　「バスケットシューズですね。承知しました」

バスケットシューズのコーナーまでお客様を連れて行き、店員が

お客様に質問した。

> | 店　員 | 「どんな時にお履きになる靴ですか」
>
> （お客様）「散歩の時や買い物の時に履きたい」

　店員はその後も様々な質問をした。サイズ、材質、色、お好みのデザインなど……

　質問をした後に、店員が選んだ靴をお客様の目の前に用意する。

　まずは、メーカー、色、形の異なるバスケットシューズを３足並べる。そして、四番目にバスケットシューズではない店員が選んだ靴をそーっとおく。

**　そうすると、お客様は必ず四番目の靴を選ぶ。**

| この話のポイント |

　① 店員は、靴のプロ！　様々な靴の中からお客様のニーズにあったものを選ぶ能力がある。

　② お客様は、靴の種類、メーカーなど、靴に対しての知識は少ない。

　③ 店員は、「バスケットシューズがほしい」と言われたお客様の要望を無視しない。最初に３足のバスケットシューズを並べて、店員が選んだ靴と比較してもらう配慮をしている。

　もし、お客様の要望を無視して、店員が選んだ靴を最初に出したら、いくらその靴が気に入ったとしても、お客様の心理的リアクタンスが働き、「バスケットシューズと言っただろ」と反発される可能性がある。

　もちろん、せっかちなお客様の場合なら、店員が選んだ四番目の靴を最初に出した方がよい場合もあるので、相手の受け答えの様子をみながら、相手の立場になって考えるメタ認知能力の向上が鍵となる。（「 16-2 メタ認知能力の向上」を参照）

　「四番目の靴」の話のように心理的リアクタンスへの対応は、重要である。

　仕事などの依頼や指示をする場合は、相手の心の動きを把握する必要がある。逆に、依頼や命令を受ける場合、自分の中に芽生える心理的リアクタンスの自覚が必要である。

　心理的リアクタンスの効果やそれによる心の動きを理解して会話をすることで、感情的にならずにスムーズなコミュニケーションを実現することができる。また、世の中に溢れている広告などに振り回されることなく、適切な購買の判断をすることが可能となる。

㉓　モチベーションが高過ぎるのも問題

　モチベーションが高過ぎる人は、性格面では競争的・野心的・精力的であり、何事に対しても挑戦的で出世欲が高い。常に時間に追われ、攻撃的で敵意を抱きやすい。

　そして、行動面では、機敏・せっかちであり、多くの仕事に巻き込まれる傾向がある。また、好んでストレスの多い生活を送り、ストレスに対しての自覚が余りない。その為、会話が一方向になりやすく、周辺には、YESマンが多い。

　相手がYESマンでない場合、相手の主張を受け止める寛容さがないため "ダメな奴" と決めつけ、折り合いが悪い。従って、このタイプの周辺は、必然的にYESマンになる。

　モチベーションが高過ぎると、不安と緊張が高い（過剰緊張）状態になりやすいため「⑩ 集中は、明瞭な状態で」で解説したように、パフォーマンスが低下する。また、自分の意見だけを主張し、パワーハラスメントになりやすい。相手の意見を尊重し、傾聴する柔軟さが重要になる。そのためには、EQ（知的指数）とSQ（社会脳）を鍛えることである。（「 15-4 心を鍛える。IQ より EQ＋SQ」を参照）

24 内発的モチベーションの注意点

（1）しないという動機付け

"する"と言う動機付けだけでなく、喫煙・ギャンブルなどでは"しない"という動機付けが重要となる。

"しない"という動機付けでは、"健康に悪いからしない""必ず損をするからしない"などがある。動機付けが自分にプラスになるようにしなければならない。例えば、営業成績の上がらない営業マンは、仕事が苦痛と感じているはず。営業をしても、しなくても給与が変わらない。しない方が苦痛はなく、楽でメリットがある。だから"なにもしない"を選んでしまう人もいる。

何も残らない人生が、本当に素晴らしい人生になるのかを客観的に考えないといけない！　仕事をしていて輝いている人や周りから尊敬されている人（ロールモデル）を見て、「あの人のようになりたい」と思う気持ちが生まれると行動が変わる。

ロールモデルについては、「 15-5 　ロールモデルがなぜ有効か」を参照のこと。

（2）内発的モチベーションは簡単になくなる

意欲的に取り組んでいる時に、外発的な叱咤激励で意欲をなくすことや物理的な報酬があると、それ以降は報酬が無ければ仕事をするのが嫌になることがある。

つまり、内発的モチベーションが高い時に「頑張ればトップになれる！」などの激励は危険である。心の中で「余計なお世話」という心理的リアクタンス（反発心）が起き、内発的モチベーションを失うためである。"アンダーマイニング効果"という。また、「やる気を出す」と

言っても個人的興味を追求することではない！　やりたいことをした結果、「気が向かないので仕事をしない」では組織として成り立たない。

（3）やる気を維持する環境が重要

　期待を胸に入社した新人が日を追うごとに意欲を失くし、離職するケースがある。様々なアンケート調査でも半年後には、半数を超える新人のモチベーションが低下し、以後は下がる一方であることが分かっている。私も設計課長時代に担当者が離職したことがあり、実感するアンケート結果である。

　このアンケート結果は、"やる気を起こす努力"より"やる気を維持する環境"が重要であることを示している。やる気を維持する方法として、「一人ひとりが主役"MUST−WILL−CAN"」の実践が役に立つ。

25 一人ひとりが主役 "MUST−WILL−CAN"

　MUST（するべきこと：方針や年度計画）−WILL（自分がしたいこと：動機付け）−CAN（自分が頑張ればできること：行動目標）

　MUSTは組織のベクトル（方向性）で、WILL・CANは個人のやる気を生むベクトルである。この"MUST"と"WILL−CAN"のベクトルを近づけることで組織の方針展開に絶大な効果を生む。

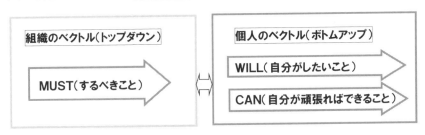

"MUST－WILL－CAN" の実践が、エンゲージメントの向上につながり、活き活きとした職場を作るこつになる。

元野球選手の講演会での話

　二軍監督をしている時代、選手達が指示待ちであることに気付いた。自分で目標設定ができないのである。

　そこで、まずチーム全体として連携の在り方や弱点になっている打撃の強化などの目標・方針を説明し、その後に各自の目標を白紙の用紙に書かせた。

　もちろん、自分の実力が客観的に分からない選手にはアドバイスをするが、自分で考え、行動することを基本として指導した。

　この指導方法により、自主的な練習が強化され選手の成長につながったのは言うまでもない。指示待ちでは人は成長しない。自分で考える癖をつけることが重要である。

　この野球指導者の指導方法は、まさに "MUST－WILL－CAN" である。

　一人ひとりが主役の活動に欠かせないのはやる気である。"MUST－WILL－CAN" は、やらされ感を無くし、やる気が出る活動を推進するためのツールとして役立つ。但し、正社員・契約社員・派遣社員・パート社員、そして外部委託の増加などで、直接指示できる場合、できない場合など雇用形態が多様化している。"MUST－WILL－CAN" の実行は、多様化している雇用形態に応じてリーダーの工夫が不可欠となる。

　重要な注意点がある。「一人ひとりがしたい事をする」のでは、趣味や嗜好を追求しかねない。努力が必要な適切な目標設定がなければ、モチベーションも上がらない。

　まず "MUST"（組織の方針・年度計画など）の明確化が重要。"MUST" を分かり易く説明し、なぜ "MUST" が重要なのかを理解してもらう。そして、常に "MUST" のベクトルに合わせる努力を個々人が忘れてはならない。"MUST" を提示されたら、"MUST" に必要な知識を勉強して、その結果 "WILL" "CAN" が生まれる。

■ "MUST－WILL－CAN" の実践

　「職場の整理・整頓がなかなか進まない」　そんな状況を打開するために "MUST－WILL－CAN" を実践した会社がある。

"MUST－WILL－CAN" の実践事例

MUST　会社の方針・目標
　　　　"職場の整理・整頓" をしっかりやろう。

WILL・CAN　会社の方針・目標に従って、自分がしたいこと、頑張ればできる整理・整頓の具体的な目標を設定し、一人ひとりが主役の活動に落とし込む！　一人ひとりが主役の活動にすることで、内発的モチベーションがアップする。

【実践手順】
① MUST　　組織として実行方針を決める。
　　　【例】毎週水曜日を "廃却日" とする。
② WILL　　したいこと。
　　　【例】机上の資料をなくし、作業スペースを広くする。
③ CAN　　頑張ればできる個人の目標を設定する。目標は、第三者に分かり易く設定（数値化など）することが大切である。

【例】◇現在保有している資料を1年で半減。毎週、紙ファイル1冊削減する。

　　　◇ひと月以上見ていない資料は、廃棄する。

④ 実行結果のグラフ化などで達成度合い（成果）を見せる化し、活動がマンネリ化しないように工夫をした。

　"MUST−WILL−CAN"で会社方針の"職場の整理・整頓"を実施した結果、見違えるように整理・整頓が進み、他社からの見学の申し込みがくるようになった。そして、見学者が増える（見られている）ことで、活動が更に活性化した。

見られることで活動が活性化する現象を**"ホーソン効果"**という。

26 ホーソン効果　注目されると生産性が上がる

　1900年代初め、ウエスタン・エレクトリック社のホーソン工場（米国イリノイ州シカゴ近郊）で、作業場の明るさが生産量にどのように影響を与えるのかを調べる実験を行った。作業場の照明を徐々に暗くすることで、生産量が下がると考え、その確認をする実験であった。

（1）照明の明るさと生産量の実験内容

　通常の作業場の明るさを"100"、通常の生産量も"100"として実験結果をまとめた。

　その結果、通常"100"の明るさが"25"に暗くなっても、通常"100"の生産量は下がるどころか"112〜117"と上がった。つまり、生産性が向上したのである。

この実験結果から、次の点が判明した。

① 作業場の明るさと、生産量は無関係である。

② 実験の時だけ、通常より若干であるが生産性が向上した。

■実験からの考察

通常の作業環境は大部屋で、一人ひとりの生産量などは注目されないが、選抜され少人数で実験をしながらの作業であったことから

「作業中に周囲からの注目を浴びることが生産量に影響していた！」

との結論を出した。つまり "見られているという緊張感" と "よいところを見せようとする気持ち" が、生産量を向上させたのである。（「**⓱**生産性（成果）＝やる気×能力」の式が成り立つことを証明したことになる）

（2）工場のショールーム化は、生産性向上につながる

「作業場の明るさ（作業環境）より、見られていることによるモチベーションアップが生産性を向上させる」　これが "**ホーソン効果**" である。職場のリーダーが現場を巡回して、作業者の作業の様子を見ることは、生産性を向上させ、ヒューマンエラーの防止にもつながることになる。また、5S3定の推進や手抜き作業の抑制効果も見込まれる。

もちろん、現場の作業状況をリーダーだけでなく、他部門の人、お客様、地域住民の皆さんや、従業員の家族など、様々な人に見てもらうのも効果がある。つまり、工場のショールーム化は、"**ホーソン効果**" により生産性の向上につながることになる。

但し、「苦手と感じている仕事は、見られていると生産性が下がる」との研究結果もある。従って、技術や技能を習得している途上では、第三者に見られている作業環境は、避けた方が賢明である。

■カウンター越しの仕事は能率も品質も向上する

　見られている仕事として、カウンター越しのお店がある。お好み焼き屋さん、お寿司屋さんなどのお店である。

　カウンター越しのお店では、お客様の目の前で調理をしているので無意識に「見られても恥ずかしくない仕事をしよう！」との気持ちが起こる。手抜きが出来ない作業になる。その為、能率も品質も向上する。

　見られていると逸脱行為の抑制になるが、逆に見られていないと逸脱しやすくなる。

【事例　2008 年、高級料亭で食材の使い回しが発覚】

　お客様の食べ残した食材を別のお客様に出していたことが明らかになった。見えない調理場で、食材の使い回をしていたのである。この高級料亭は、2007 年に続き不祥事（産地偽装など）が起こったことで廃業に追い込まれている。

（3）逆ホーソン効果

　<u>"見られている" という状態を作るだけで、厳しく指摘をし過ぎないことである。</u> いちいち仕事ぶりに口をはさむと、緊張したり、やる気を失くすことがある。**"逆ホーソン効果"** という。その結果、生産性が下がり、災害・不具合を起こしやすい状態になるので注意が必要である。

27 機能しない楽観性

　楽観的過ぎる人を **"ポリアンナ症候群"** という。"ポリアンナ" とは、1913 年に書かれた小説『少女ポリアンナ』の主人公で、いつも前向きで明るく生きている少女が描かれている。日本ではアニメでも有名で

ある。

　ポリアンナは、牧師だった父の遺言で、どんな苦しい時も、何かよいことを見つける“よかった探し”をすることで前向きさを保っている。このことから、自分に都合のよい面だけを見て、自己満足するだけの性格を“**ポリアンナ症候群**”と呼ぶようになった。

　“**ポリアンナ症候群**”の問題点は、現実を直視せず、何も対策を講じないことである。その結果、何度も同じ失敗を繰り返す。<u>機能しない楽観性</u>である。“**ハーフフルのすすめ**”であっても、「まだ半分あるから失敗しない工夫をして頑張ろう」ではなく、「まだ半分あるから何もしなくても大丈夫」では問題がある。

　“**ハーフフルのすすめ**”の解説は、「 21-2 リフレーミング」を参照のこと。

　プラス思考でも楽観的過ぎると同じ過ちを繰り返す。
　◇ 操作をミスした。次は何とかなるだろう〜。
　　 次の操作で……またミスした！
　◇ 忘れ物をした。これからは忘れないだろう〜。
　　 しばらくして……また忘れた！
　◇ 今日は寝坊して遅刻した。明日は大丈夫だろう〜。
　　 翌日、また遅刻した！

<u>**慎重に考えるプラス思考が重要である。**</u>

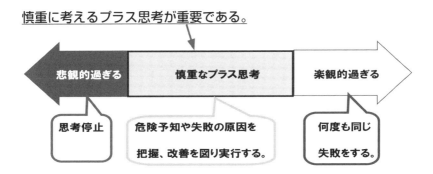

129

慎重なプラス思考は、機能する楽観性、機能する悲観性とも言える。

　「やればできる」と考えて取り組むことが基本であるが、用意周到に準備する。または、失敗した原因を把握して同じ失敗を繰り返さないように取り組むことが、慎重なプラス思考である。

> **「失敗したからって、それが何なのだ？**
> **　失敗から学びを得て、また挑戦すればいいじゃないか」**
>
> ウォルト・ディズニー

　ウォルト・ディズニーは、失敗しても常に楽観的に考えている。<u>しかし、その原因を把握して（失敗から学びを得て）、次に同じ失敗をしないように工夫をする慎重さがあり、機能する楽観性といえる。</u>

　それでも、また新しい要因で失敗をしているのだが……

　人は「必ず失敗をする」「手抜きをする」と性悪説に立って考える慎重さが必要である。つまり、危険予知（KY）をしっかりして未然防止策を実行することであり、全てを気楽に考えるポリアンナ症候群とは対照的である。

　但し、慎重なプラス思考が正しく機能するのは、状況が自分でなんとかなる場合に限る。例えば、電車、飛行機に乗って座席に座った時など、電車、飛行機が故障して危険な状態に陥っても自分の力ではどうにもならない場合もある。

第5章

日常管理の先取りが
無事故・無災害を実現する

"先取り" とは、災害や不具合の未然防止に取り組むこと。

"後追い" とは、災害や不具合発生後、対策に取り組むこと。

28−1　他人事から我が事へ

（1）正常バイアスに注意！

「人の振り見て我が振り直せ」

「他人の行動を見て、良いところは見習い、悪いところが自分に当てはまれば見直し改めよ」という意味である。類似の言葉でビスマルクの言葉がある。

「愚者は経験に学び、賢者は歴史に学ぶ」

この言葉を分かり易く言うと「愚かな人は自分のミスで学び、賢い人は他人のミスで学ぶ」という意味である。

これらの言葉の通り、人は他人のミスから学ぶ事ができればよいのだが、他人のミスを聞いても自分には関係ないと思う。そこには、人間の特性が関係している。

例えば、多くの会社では再発防止、水平展開として災害や不具合などの情報が回覧、掲示されている。それを参考にして自分の仕事に活かす必要がある。しかし、「気を付けろ！」と言われてうなずいても、心の中では他人事になっている。その証拠に、しばらくしたら誰もがどんな災害や不具合であったのか忘れている。

これは "正常バイアス" が働いているためである。

"正常バイアス" とは、自分にとって都合の悪い情報を無視、過小評価してしまう人間の特性（先入観や偏見）のことである。

災害発生時に正常バイアスの影響が現れる。川の氾濫などの様々な大

災害の発生時、避難が遅れヘリコプターで救助される人がいる。後日調査すると、避難勧告が出ても過去に被害を受けた経験がないため、「自分だけは大丈夫」「被害にあうはずはない」と思い、自宅に留まっていた人が多い。

　また、データ改ざんなどの様々な不祥事が頻繁に報道されているが、同業者で不祥事があっても自分の職場や会社ではそんな不祥事は起こらないと勝手に思ってしまう。

　人間は、あるしきい値を超えないと自分には関係ないと思う。このしきい値を生み出すのが**"正常バイアス"**である。

　正常バイアスが働き「自分は大丈夫！」と思うと、無視してはいけない災害や事故でも"無視"をする！「自分は平均的な人より優れている」という思い込みがある。「自分はそんなミスをするはずがない！」と"過信"をする！

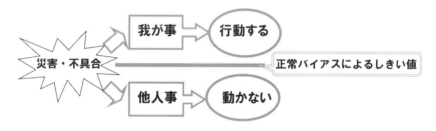

他人事で済ませた結果、同じ事故・事件が繰り返された事例がある。

【繰り返される違反の事例】

　2015年、あるメーカーが製造した免震ゴムの性能偽装問題が発生した。

　その偽装問題を受け、緊急品質監査を実施した。その後、防振ゴムの不正行為が発覚。倫理意識が欠如していると釈明。2017年にもデータ偽装を発表、不祥事体質から脱しきれない企業体質が明

らかになった。

　2018 年、免震装置を製造している他の同業者で同じような不正が発覚した。少なくとも 15 年間不正が続いていたという。同業者の違反があっても他人事で済ませていた事例である。

（2）他人事を我が事にする方法

① 日常管理として無視・過信を防ぐための基本を繰り返す。基本の繰返しには、「 28-3 職場での日常管理　先輩語録 10 ヶ条」が役に立つ。

② 事故・事件に関連した脳科学や心理学の理論・法則、人間の特性などを学ぶ。その結果、自分も同じ間違いを起こしそうだと納得する。納得し自分に関係する事故・事件と思うと記憶に残るため、結果として同じ問題を起こしにくくなる。「自分も同じ間違いをするかもしれない」と思うことがポイントである。"自己関連付け効果"という。

　そして、"無事故・無災害、品質不具合ゼロ"を実現するには、次の教訓を常に頭の片隅に置いておくことが大切である。

教訓

間違えるはずが無いと思う事は危険。人は誰でも間違える。
間違いを起こした本人だけを責めても問題は解決しない。
失敗は、数々の"背後要因"の重なり合った結果である。

28−2　大切な日常管理　～小さな失敗は、成功の母

難関男子中学校　校長先生の講演会での話（＊14）

校長先生　ウチの子は、「ケアレスミスが多いのですが、どうした
らよいでしょう」とのご質問をよく受けますが……

と校長先生が切り出すと、聴講者（お母さん）全員が、
ケアレスミス防止の方法を教えてくれると思い、一斉
にペンをとり、次の言葉を待つ。

校長先生　勉強の時だけケアレスミスをする子なんていません。そ
ういう子は普段の生活でもいろんなミスを繰り返しているのです。
自分の生活にきちんと目を向けて自己管理を出来ない子に、テス
トの時にだけミスをするなと言っても無理ですよ。お母さん！

お母さん全員がため息をもらす。言われてみれば当り前のことだ
が……

校長先生　忘れ物がないか親がチェックし、塾に遅刻しないよう
に送り迎えをし、子供同士の小さな“いさかい”は、親がしゃ
しゃり出てトラブルの芽を摘む。その親心が子供から貴重な失
敗体験を奪ってしまう。

学校と塾の二重生活をしながら頑張る子供たちに、生活の自己管
理まで求めるのは酷だとの思いもあるが、普段の小さな失敗のツケ
は、自分で払わせるようにした方が少しはケアレスミス防止につな
がるだろう。

「お母さんがお弁当に箸を入れるのを忘れた」と毎回のように割
り箸をもらいにくる生徒がいる。

「だったら手づかみで食べなさい」と突き放すのが、本当の親心
かもしれない。

校長先生は"日常管理の大切さ"を述べている。まったく同感である！　我々も普段の生活で様々な小さな失敗（ミス）を発生させている。

・目覚まし時計のセットを忘れ、寝坊した。

・熱いコーヒーをこぼして、やけどをした。

・定期券を忘れたことに気付き、家に戻ったために遅刻をした。など

　普段から小さな失敗を繰り返している人が、仕事の時にだけ本当に失敗をしないようにできるのか？　仕事だからと、気持ちの切替えはある程度できると思うが、要因の一つになっている"いい加減な性格"を変えることや"私生活での心配事"を払拭することはなかなかできない。

　重要局面においても日常と同じような間違いをする危険性がある。職場に来て、別人に変身できればよいが、簡単ではない。だから、<u>普段の生活の中で日常の管理をしっかりして、失敗を無くすことを習慣にすることが、本当に必要な対策となる。</u>

28-3　職場での日常管理　「先輩語録 10 ヶ条」

　"無事故・無災害"を実現した職場がある。実現した方法は、「先輩語録 10 ヶ条」の徹底である。この「先輩語録 10 ヶ条」が当り前になった職場では、無事故・無災害を実現している。

先輩語録 10ヶ条

1 条　悪い報告ほど、躊躇なく迅速に、関係者全員にもれなく報告する。

2 条　分かり易い言葉を使い、"5W1H"を正確に報告する。

　　　5W1H：When（いつ）Where（どこで）Who（誰が）What（何を）

　　　　　　Why（なぜ）How（どのように）

3 条　説明の仕方は結論を先に、いきさつや理由は、その後で述べる。

　　　現状の報告は、事実と意見を区別し、事実をありのまま報告する。

4 条　話をする時は相手が誰でも落ち着いて、時々相手の目を見て話す。

5条　あいさつは大きな声でしっかりと。返事は、YES、NO をはっきり。

6条　現場での服装は清潔できちっとする！　だらしない格好をしない！

そして、だらだらと歩かない。ポケットに手を入れて歩かない。

7条　問題や課題の要因把握は〝なぜ〟を5回繰り返す。駄目なら3回。

また、目的と手段を明確にする時にも〝なぜ〟を使う。

8条　5S3定の徹底

5S：整理・整頓・清掃・清潔・しつけ

3定：定位・定品・定量（定められた位置、定められた物を、定められた量）

必要な物だけを残し、使わない物は廃棄することを心掛ける。

9条　指差呼称は〝力強く〟〝大きな声〟で〝指先をまっすぐ〟。

10条　現場では危険予知（KY）を徹底せよ。

そして〝ヒヤリ・ハット〟を放置しない！

28-4　「先輩語録10ヶ条」の効果

1条から5条　コミュニケーションのポイント

　1条から3条は、職場内でメンバー相互の連携を円滑にするために重要なポイントである。このポイントを職場に浸透されるために「㉙ 安全活動・品質管理の心得帖」で解説する〝「報・連・相」5訓〟を職場の目立つ所に掲示すると効果がある。

　4条は、〝目は口ほどに物を言う〟というアイコンタクトの重要性を述べている。

　相手によい印象を与えるアイコンタクトの長さは、1回当り3秒程度と言われている。長く視線を送ると、相手に特別な好意や敵意があるかのように伝わってしまうので注意する必要がある。

6条 視覚情報は重要

（1）最初の印象が重要

　服装は、最初の印象として重要である。最初の印象が残ることを **"初頭効果"** という。（初頭効果は、「 **4-3** 最初と最後が記憶に残り易い」を参照）

　「人は、理屈よりも感情が優先する」ことを忘れてはいけない。謝罪会見で、ピンクのネクタイや、黄色のネクタイをしていたケースがあるが、もっともらしい謝罪をしても、見た目（服装や態度）から謝罪を素直に受け入れる人は少ない。

　服装だけでなく態度も含めて、視覚的情報は相手に対して無意識に大きな印象を与えている。見た目で謝罪の雰囲気が出ていると、下手な説明でも受け入れてくれる確率は確実に上がる。次に説明する **"メラビアンの法則"** や顕著な特徴に引きずられる **"ハロー効果"** が関係しているためである。但し、土下座のように、わざとらしくやり過ぎに思われる謝罪の仕方は、逆効果になることもある。

（2）メラビアンの法則

　言語情報（言葉）が、聴覚情報（口調）や視覚情報（態度）と矛盾していた場合（例えば謝罪の時、明るい口調と堂々とした態度で謝罪した場合）、次のような割合で、相手の印象に残ることが実験で明らかになった。心理学者のアルバート・メラビアンが提唱した法則で、 **"メラビアンの法則"** という。

言語情報　7%　　聴覚情報　38%　　視覚情報　55%

　 私の若い頃の失敗談 　顧客に不具合の謝罪をした際、事前に用意していた文章（謝罪の言葉、原因、対策）を、しっかりとした口調で正確に淡々と読んだ。その結果、"不具合が起こって当然"のような説明を

していると顧客に受け取られ、謝罪にならなかった。口調、態度、服装の重要性を痛感した苦い経験である。

（3）メタメッセージ（表情や口調）が使えないメールの注意点

　言語情報だけのメールは、気軽に使える利点はあるが、相手の様子（表情や口調）を見ながら受け答えができないため、受け取った相手の誤解を招きやすい。重要な連絡をメールで送信する時は、意図が正しく伝わるよう、手紙を書くように読み手の立場で内容をしっかりチェックすることが大切である。

7条（其の一）　"なぜ"を5回繰り返して問題や課題の真因を把握する

　7条を実践された先輩は、問題や課題が発生すると必ず"なぜ"を繰り返す。その先輩に"なぜ"と何度も質問をされると、なにも「そこまで考えなくても」と感じる。しかし、長い間一緒に仕事をしていると、本質を捉えようとする姿勢が輝いて見え、やらされ感で形式的な作業をしている自分が恥ずかしくなる。

　不具合処理で必ず"なぜ"を繰り返す。その先輩が考えた対策は的確で、再発することがなく不具合件数が激減した。不具合分析をしている時は大変な労力であるが、年間で集計すると大きなロスコスト削減につながったのである。

教訓
　一足飛びに問題を解決しようとすると、期待する結果は益々遠のく。問題の本質を把握する努力を続けることが大切である。

（1）不具合処理での"なぜなぜ分析"　～大切な真因の把握

【不具合事例】検査員のチェックもれによる不具合品の流出が頻発した。
　本質的な対策としては、不具合品発生の真因把握と改善に取り組むべ

きであるが、ここでは暫定対策として、チェック要領改善に絞って検討を行った事例を取り上げた。

■Aさんのアプローチ

「なぜ不具合品の流出が多くなっているのか」「チェックもれが多いようだ」

"なぜ" が１回の対策　　二重チェックを三重チェックに強化する。

■Bさんのアプローチ

「なぜ不具合品の流出が多くなっているのか」「チェックもれが多いからだ」

「なぜチェックもれが多いのか」「点検者のチェック能力が下がっている」

「なぜチェック能力が下がったのか」「チェックのノウハウが伝わっていない」

「なぜノウハウが伝わらなかったのか」「ノウハウが文章化されていない」

「なぜノウハウが文章化されていないのか」
　それまでは、ベテラン点検員のチェック能力でなんとかなっていたため、文章化の必要性を感じなかった。しかし、ベテラン点検員が異動したのでチェック要領のノウハウ欠如が不具合品の流出につながった。

"なぜ" が５回の対策
　ベテラン点検員のチェック要領のノウハウの見える化とその定着が必要。
　ベテラン点検員からチェック要領を聞いて点検要領の見直しを＊月までに行い、担当者の教育と訓練の計画を立案し実施する。また、対策が完了するまでベテラン点検員の支援を受ける。

　"なぜ" が１回と "なぜ" が５回のアプローチでは、対策が変わってくる事例である。

■ "なぜ"が１回と５回では、対策が異なる

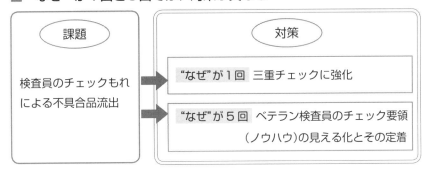

(2) "なぜ"が１回の対策 「三重チェックに強化」 は正しいか？

■改善として二重チェックのチェック体制を三重チェックの体制にした
　場合

　チェックを多くすることは、確率的にエラーチェックの発見率は高く
なるように思えるが、単純にチェックの回数を増やしただけでは、手間
が掛かるだけでなく、エラーの発見率が下がることがある。結果的に問
題が再発し対策にならない。むしろ不具合品の流出が増える。

　心理的な現象である **"リンゲルマン効果"** や **"権威勾配"** などが働く
ためである。

　詳細は、「㊱ 多重チェックの問題点を考える」 を参照のこと。

　今の時代、どうしても作業の速さや効率を求めがちであるが、重要な
のは見せかけの効率ではなく、真の効率である。さもないと改善でなく、
浪費に終わる。改善すべき課題や不良を目の前にした時、「このくらい
はしかたない」 で済ませるか。「何とか減らすことができないか」 と問
い続けるのか。この姿勢と意識の違いが、災害・不具合発生頻度の減少

と、作業効率向上の実現に大きく影響する。

7条（其の二） "なぜ" を繰り返し、手段か目的なのかをはっきりさせる

無意識で形式的にしている活動	→ なぜ　なぜ　なぜ　なぜ　　どうして　→	手段を目的にしていた

"なぜ" を繰り返して聞くことで、手段が目的になっていることを気付かせる。

　特に大きな組織、フォローが厳しいリーダーがいると、活動が形骸化し "手段" が "目的" になることがあるので注意が必要である。

　典型的な事例が、チェックシートの運用や安全パトロール、TBM－KY などの形骸化である。

（1）厳しくフォローをすると安全パトロールが形骸化する

　安全パトロールの年間の実施回数（目標値）を決めて、その実績を強烈にフォローすると、計画した安全パトロールの実施回数をクリアすることが、知らずに "目的" になる。

　安全パトロールは、無事故・無災害を実現する "手段" であることを忘れてはいけない。

【"なぜ" を繰り返し、手段が目的にすり替わるのを防いだ事例】

　ある時、現場事務所の所長が、現場担当者から安全活動の報告を受けた。

担当者　9月ですが年間計画の安全パトロールの回数をクリアしました。完了です。

所長　そうですか。頑張っていますね。ところで、なぜ9月で完了なのですか。

担当者　安全活動の計画で安全パトロールの回数が決められてい

るからです。

所長　なぜ安全パトロールをする必要があると思いますか。

担当者　定期的に不安全な作業環境などを見つけ出すためです。

所長　なぜ不安全な作業環境などを見つけ出すことが大切なのですか。

担当者　作業環境が頻繁に変わるので、事故や災害を出さないためです。

所長　なぜ安全パトロールの回数をクリアしたら無事故・無災害が実現できるのですか。

担当者　安全パトロールの回数をクリアしても無事故・無災害は実現できません。

所長　そうですね。
安全パトロールは、無事故・無災害を実現するための手段であり、安全パトロールの実施回数クリアを目的にしてはいけません。
無事故・無災害を実現するために安全パトロールの計画回数を見直して下さい。

教訓

　活動を繰り返していると、無意識のうちに手段が目的になることがある。安全パトロール、TBM−KY など、実施することを目的にしてはいけない。無事故・無災害、品質向上を実現するための手段である。

補足

TBM−KY（ツールボックスミーティングと危険予知）

　作業開始前に、小グループでその日の作業や段取りからそこに潜む危険を予知し、安全に作業できる方法を決める活動。道具箱（ツールボックス）に座って実施したことからこのような名称になった。

（2）チェック項目が多過ぎると、チェックシートの運用が形骸化する

　チェックシートの運用でもチェック項目が多過ぎると、知らない間に手段と目的が逆になる現象が起こる。チェックシートを現場で運用せず、作業が完了した後に机上で作成しているケースである。

■なぜ、チェックシート作成が目的になるのか？

　作業ミスによる不具合が発生し、真因の追究が面倒に感じると、作業ミス対応として新規のチェックシートやチェック項目を増やすことが対策になる。チェックシートは、対策として分かり易く、報告相手（顧客や上司）を説得しやすいために、どうしても増える。

　また、形骸化している古いチェック項目も削減するのが面倒なので、そのチェック項目が役立たないと分かっていても放置する。その結果、様々なチェックシートやチェック項目を職場で運用しなければいけない状況になる。

　そのような作業環境がチェックの手抜きにつながる。

> 「様々なチェックシートやチェック項目を運用すると効率が悪いし、面倒だ！」と感じると……

> 作業後に机上でまとめてチェックシートにチェックマークをいれる作業をする。

> チェックシートを作成することが目的になる。チェックが手抜きになる。

　作業時にチェックをしても、時間が経てば本当にチェックしたのかどうか記憶があいまいになる。（時間と記憶の関係は、「❹ 記憶と忘却」

を参照)

　チェックシートは、現物を前にして作業と同時にチェックすることが運用の基本である。作業後に机上でチェックシートを作成する行為は、チェック項目が多く、やらされ感があり、作業が面倒に思うと、必ず起こる手抜きの行為である。

　チェックシートは、品質を確保するための手段であり、それを作成することを目的にしてはいけない！

　チェックシートの運用、管理で課題があると感じたら「第7章　仕組みとチェックシートに頼り過ぎは危険！」を参考に対策を検討のこと。

10条　"ヒヤリ・ハット"を放置しない！

（1）ハインリッヒの法則

> 1件の重大災害の裏には、29件の軽微な災害があり、
> その裏には300件の"ヒヤリ・ハット"が潜んでいる。

> "ヒヤリ・ハット"とは、ヒヤリやハッとした小さな失敗のこと。

　"ハインリッヒの法則" から言えること。

① "ヒヤリ・ハット"を収集し、その真因と対策を考える職場風土を作ることが、重大災害の発生を防ぐための先取り（未然防止）として効果的である。

② "失敗"特に"ヒヤリ・ハット"から目を背け、隠し、なかったことにしているうちは、同じ失敗を繰り返す。そして、重大災害を生み出す。

145

■先取りの心構え

　小さな失敗の対策が、結果的に重大災害の発生を防ぐことにつながる。だから「レベルの低い、つまらない失敗をした」と思った時、「良い事を学んだ」と開き直って真因の把握、対策検討をしっかりしなければいけない。対策が面倒くさいと思った時も、失敗して叱責された時でも、必要以上に臆病にならず、ピンチをチャンスにするように気持ちを切り替え（リフレーミング）なければいけない。

　気持ちの切替え方は、「 21-2 リフレーミング」を参照のこと。

> 「叱られてなんぼ！」ぐらいの気持ちで、深層要因（からくり）
> を明確にして再発防止をすることが大切!!

【"ヒヤリ・ハット"を放置して発生した重大災害事例】

　大物製品を製造する工場での災害事例である。装置の搬入搬出時、床に傷がつかないように養生用の透明シートを貼った。

　透明シートはめくれないようにテープで固定されていたが、人の往来が激しい部分が少しめくれていた。（装置の搬入直前ではなく、かなり前にシートを貼っていた）

　ある時、現場作業者が緊急対応のため機器を手で持ち運んだ。機器を運んでいた現場作業者は慌てていたために、そのシートのめくれに気付かず、つまずき、機器を落として損傷させ、自分まで怪我をする災害を発生させた。

　後日の聞き取り調査で、めくれていたシートに何人もつまずいて"ヒヤリ"としていたことが判明した。つまり"ヒヤリ"が頻繁に発生していたが、対策もせず放置していたのである。

　シートを貼るタイミングが早過ぎたことや、透明のシートにしたためにめくれに気付きにくかった、シートを貼らないで済む検討が不足して

いた、などの複数の問題があるが、"ヒヤリ"の段階で対策を検討し処置をすれば、起こらなかった災害であった。

（2）難しい"ヒヤリ・ハット"の見える化

経験則であるハインリッヒの法則は"ヒヤリ・ハット"を無視しないで対策すれば、重大災害が防げることを示している。

"ヒヤリ・ハット"に気付いたら無視せず対策を迅速にすることは、重大災害を起こさないために効果的な方法である。ところが、職場で"ヒヤリ・ハット"に気付いたら報告するように決めても簡単に集まらない。集まらないのは「面倒に思う」「つまらない失敗をするな！と叱られる」など積極的に報告したくない様々な理由がある。

"ヒヤリ・ハット"を効率よく収集する方法として「３行日記」を次に紹介する。

客観的に考える力"**メタ認知能力**"を養うために日記が有効と言われるが、日記を毎日書くのは辛い。そこで、継続してできる方法として考えたのが、「３行日記」である。

この「３行日記」を職場で実施すると、思わぬ効果が出ることに気付いた。

メタ認知能力については、「16-2 メタ認知能力の向上」を参照のこと。

28-5　"ヒヤリ・ハット"の収集に役立つ３行日記

本格的な日記を書くのは大変だが、３行だけなら負担なく書くことができる。

■「３行日記」の記載内容

> １行目　今日一番失敗したこと。辛かったこと。
> ２行目　今日仕事で上手くできたこと。
> ３行目　明日の目標

日記といっても毎日書く必要はなく、日記をつける期間や間隔は、職場の業務負荷の状況に合わせて決めることが好ましい。そして、<u>第三者に読んでもらうことを意識して分かり易く書くことが大切である。</u>

　「３行日記」を職場で習慣化すると、職場にとっても次のようなメリットがある。

今日一番失敗したこと。	今日仕事で上手くできたこと。	明日の目標
"ヒヤリ・ハット"の収集が容易にできる。	ほめることが容易に見つかる。事実に合ったほめ言葉になる。	自分が言ったことは守る。コミットメント効果という。
重大災害の未然予防に活用	モチベーションアップ	

「 **22-7** 正しいほめ言葉の五つの原則」
「原則・其の一　事実を細かく具体的にほめる」場合に2行目が役立つ。

■「3行日記」で "ヒヤリ・ハット" を収集する時に注意すべき点

① リーダーが注意すべき点

　この「３行日記」の運用で重要なのは、失敗に対して「誰でもミスはする。良い事を学んだ。しっかり再発防止をしよう」との姿勢で接することである。

　「つまらない失敗をするな！」と、叱る材料にすると本音で書かなくなる。

② 書き方には個性が出る。分かり易い表現になるように指導する

　分かりにくい表現や失敗の内容に不明な点がある場合は、失敗内容を本人に確認し、失敗の背景も含めて理解することが大切である。そして、どのような表現がよいのか一緒に考え、書き方を指導する。

　分かり易い表現で書くことは、メタ認知能力の向上に役立つ。

28-6　無事故・無災害を実現する「先輩語録10ヶ条」実践のこつ

（1）"単純接触効果"

1968 年、心理学者のロバート・ザイアンスが提唱した効果である。

テレビ通販は、繰返し同じ商品を紹介して販売を伸ばしている。これは心理学でいう **"単純接触効果"** であり、繰返しが増えると、その商品に親しみを抱き、購入する気持ちに傾くためである。営業をする場合、訪問する回数が多いほど売上が多くなるのも **"単純接触効果"** によるものである。

「人はある商品の広告に３回接すると、宣伝している商品を店頭で認識する確率があがる。そして、その宣伝に７回接すると購入する確率が上がる」という理論がある。**"セブンヒッツ理論"** と呼ばれている。

つまり、CM の出し方も複数の番組に拡散して出すよりも、同じ番組に集中して何度も流す方が効果的と言える。これも **"単純接触効果"** である。

■ "単純接触効果" で無事故・無災害を実現

安全・品質においても、この **"単純接触効果"** を使って、安全・品質を常に考える職場風土を構築する活動が大切となる。

そのよい事例が「先輩語録 10 ヶ条」の繰返しである。

日常的にタイミングよく「５W１Hを明確に」「結論を先に！」「返事は、YES，NO をはっきり」と繰返し言われると、その通り行動することが習慣になり **"集団規範"** になる。

> **解説**
> "集団規範" とは、集団のメンバー間で成立しているルールのこと。

つまり、5S の１つである "しつけ"（決められたことを守る）が職場内に浸透する。

「習慣は第二の天性なり」

古代ギリシャの哲学者ディオゲネスの言葉である。

「習慣の力は大きなもので、生まれつきの性質と変わらないほど日常の行動に影響を及ぼす」との意味であり、「よい習慣を身に付ければ、持って生まれた才能がなくても、それと同じくらいに価値がある」と言い換えることができる。

「先輩語録10ヶ条」の繰返しで、よい習慣が定着すれば、事故・災害の未然防止に役立つため、無事故・無災害が実現する。

（2）"単純接触効果"が効果を発揮しないケースもあり注意が必要！

■相手の都合を考える

営業をする場合、相手の都合を考えて繰返し訪問しなければ、効果がでない。相手が忙しいのに繰返し訪問しても、相手の仕事の邪魔になるだけである。

野球中継でも、よい場面でCMが入れば、そのCMは逆効果になる。例えば、「9回裏二死満塁、バッター＊＊、一打逆転のチャンス」といった見逃せない場面で、野球中継が終了してCMが流れると、そのCMのイメージダウンにつながる。

安全・品質活動も同じで、必死でトラブル処置をしている最中に安全パトロールの督促をされ、やむを得ず実施した時は、中途半端な安全パトロールになる。それぞれが業務との兼ね合いをよく考え、やる気を損ねない活動にすることが大切である。

■活動が役に立つと感じること

営業で繰返し訪問する際、初対面で相手に嫌われると、訪問を繰り返すことで好感度が増すどころか嫌悪感が増す。最初に訪問相手に好かれるのが基本である。

　安全や品質の活動も「活動自体が面白くない」との先入観があると、活動を繰り返すことで、徐々に活動が形骸化し、成果が出なくなる。

【繰り返しが逆効果になる事例】
① 嫌いな人が、何も用事がないのに頻繁に会いに来たら、余計嫌いになる。
② たばこの嫌いな人が、たばこの CM を何度見ても、たばこが好きになることはなく、むしろ「たばこの CM はけしからん」との思いが強くなる。

　安全・品質活動も、やらされ感をなくし、やる気が出る活動にすることが大切！「活動が楽しい」「活動が役に立つ」と感じることが、活動を活性化させる原動力となる。

28-7　「先輩語録 10 ヶ条」の定着に欠かせない条件

　「先輩語録 10 ヶ条」を繰り返すことで、その実践が当り前になる。但し、次の2点の実践が先輩語録の定着に欠かせない条件である。
　　（1）リーダーの率先垂範・言行一致
　　（2）リーダーと先輩達（ベテラン）との信頼関係

（1）リーダーの率先垂範・言行一致

　「先輩語録 10 ヶ条」を浸透させるには、リーダーの率先垂範・言行一致が不可欠である。「無事故・無災害を実現したい！」「失敗をなくしたい！」と思ったら、まずリーダーである "あなた" が心からそう思い、行動することである。

　ある不良が多い中学校があり、校長先生がゴミだらけの学校を何とかしたいので一生懸命生徒にゴミを拾うように注意していた。

校長　「君、君、ここにゴミが落ちているよ。拾いなさい！」
生徒　「何を言っているんだ。自分で拾え！知るか！」

　こんな調子で一向に学校はきれいにならない。ある時、校長先生が教育実習に参加して、自分で本当に学校をきれいにしようと思ったら、率先垂範が大事であることに気付いた。そこで、翌日から自分でゴミを拾うようにした。

校長　ゴミを片付けながら「きれいが一番。気持ちがいい〜」
生徒　「校長、こっちにもゴミが落ちてるぜ！」
校長　「ありがとう」

　この「ありがとう」に生徒はびっくり！　何週間かゴミ拾いを続けていると、生徒も校長先生と一緒にゴミ拾いをするようになったという話である。
　リーダーが「失敗がない安全な職場にしたい」と強く思って率先垂範することは、その実現に欠かせない条件である。

　子供の教育にとって、何が大切なのか。親は何をすべきなのかが議論になった。様々な教育論も出た。そして、最後に出た結論は……
　「子供の前で両親が仲良く、明るく、楽しく、仕事にも一生懸命に取り組んでいることが大切だ！」
　つまり、どんな立派な教育論よりも"親の率先垂範"、親が子供の見本になることが、子供の教育に重要である、との結論になった。

　会社でも、**リーダー（上司）、先輩の率先垂範が大切！**　リーダーや
先輩達が、いらいら、がみがみ、憂鬱そうな顔……そんな雰囲気では、
よい人材は育たないし、よい仕事もできない。<u>リーダーの見本となる行
動が、「先輩語録 10 ヶ条」の浸透に欠かせない。</u>

（2）リーダーと先輩達（ベテラン）との信頼関係

　リーダーの率先垂範と同じくらい大切なのが、リーダーと職場の見本
となるべき先輩達（ベテラン）との信頼関係である。職場内で信頼され、
影響がある先輩達が率先垂範すれば、後輩はそれを見本とする。

> **教訓**
> ### 後輩は先輩の背中を見て育つ

　先輩達が見本を示せば、職場内には必ず先輩達の見本の行動が浸透す
る。「"真似る"と"学ぶ"が同じ語源からできた」と言われているのが
良く分かる。ミラーニューロン（物真似ニューロンとも呼ばれる）とい
う神経が関係する。（ミラーニューロンについては、「 15-5 ロールモデ
ルがなぜ有効か」を参照）
　つまり、リーダーと強い絆で結ばれた先輩達が、先輩語録の繰り返し
をすることで、無事故・無災害の職場風土を醸成することができる。逆
に先輩達が先輩語録にネガティブな発言やルールを無視することが当り
前になると、災害や事故が絶えない職場になる。

> **ポイント**　ネガティブな先輩がいると、「先輩語録 10 ヶ条」の浸透
> は難しくなる。

　ポジティブとネガティブの比率の影響度合いについては、様々な研究
がある。
　数学者マルシャル・ロサダの3：1の法則（ポジティブ：ネガティブ
の比率）があったが、この比率に意味がないことは、その後の研究で明

らかになっている。

　但し、私の経験からも、ネガティブな人の影響は大きい。「できません」「知りません」「やりません」と、後ろ向きの発言を繰り返す人をポジティブに切り替えるには、大変な労力が必要なことは確かである。

（3）マイ先輩語録を考えよう　〜"今"の職場で大切なこと

　先輩語録は、マイ先輩語録として各々の職場で重要だと感じている内容を話し合い、最適な内容に絞り込む必要がある。そして、マイ先輩語録が何ヶ条になるかは、リーダーと先輩達が相談して決め、率先垂範するメンバー全員が納得する内容でなければならない。但し、多すぎても浸透しにくいため、１０ヶ条以内が好ましい。

　更に、一度決めたら終わりではない。メンバー構成や作業環境が頻繁に変わる職場では、継続的に内容の見直しが必要である。地道な努力なしに、無事故・無災害を実現することなどできるはずがない。

29　安全活動・品質管理の心得帖

29−1　心得・其の一　重大な失敗を報告する際の鉄則

（1）重大な失敗は、早めの報告＆行動がトラブル早期収束の秘訣！

　悪い知らせほど速く伝えることが重要である。

　上司に報告せずに処理しようとすると、対応が後手に回ることもあり、小さなトラブルで終わるはずが、大事件に発展する可能性もある。

【大事件に発展した事例】

　2014年、ある旅行会社の社員が高校の遠足用バスの手配を忘れた。この手配もれを隠すために、生徒を装って自殺をほのめかす手紙を学校に送り届けるという前代未聞の不祥事が発生！

　旅行会社の社長が記者会見し、謝罪する事態となった。もちろん注文も取り消され信用も失うことになった。

　重大な失敗をしたら、直ぐに上司に包み隠さず報告して、失敗の対応方法の相談、指示を仰ぐことが大切である。

　このケースでも、手配ミスが早く上司に報告されていたら……

---

① この旅行会社は大手の旅行会社であり、社内で手分けしてバスの手配をすることで、もしかしたら、バスの手配ミスがリカバリーできたかもしれない。

② 学校側に手配ミスの報告をして、日程の調整などができるかどうか相談したら、手配ミスが大事件にならずに済んだはずである。

　事業に影響する重大な失敗は、早くオープンにして、チームで迅速に的確な対応をすることが大切である。

　迅速な不具合対応が、迷惑を掛けた顧客に好印象を与えることもある。もちろん報告した後も、<u>自分自身で失敗をリカバリーする努力を怠ってはいけない。報告＝責任転嫁であってはならない。</u>

■「報・連・相」5訓

　解説　「報・連・相」とは、報告・連絡・相談のこと。

　問題の対策案を考え、より的確な判断をするには、一人より二人、二人より三人の知恵が必要となるので、「❸❼ チーム思考」が役立つ。

チームで問題を解決するには、メンバーで問題の本質を理解し、共有しなければならない。難題であればあるほど、多くの情報・知恵を分かり易く整理する必要がある。従って、迅速でもれがない「報・連・相」は、問題を小さく収める必要条件であり、チーム力を発揮し、問題を解決するための鍵である。

　また、「報・連・相」は、"言ったか、聞いたか" でなく、"正確にもれなく伝え、理解したか" が重要である。そのためには、次の「報・連・相」5訓の徹底が不可欠となる。

「報・連・相」5訓

1. 報告の速さを優先　　悪い報告ほど速さを重視する。

2. 情報の共有化　　関係者全員にもれなく報告する。

3. 正確に報告　　分かり易い言葉を使い、5W1Hを正確に報告する。

　　When（いつ）Where（どこで）Who（だれが）What（なにを）

　　Why（なぜ）How（どのように）

4. 分かり易い説明　　結論を先に。いきさつや理由は、その後で述べる。

5. 事実をありのまま　　事実と意見を区別し、事実をありのまま報告する。

　チーム力を発揮するには、報告の速さを優先、情報の共有化、正確に報告、分かり易い説明、事実をありのままが重要となる。どれか一つ欠けても、チーム力は十分発揮できない。

■「思・聴・考」5つの姿勢　重要な報告を受ける際のリーダーの姿勢

　報告する本人の失敗が重大な問題や事件になった場合、報告する担当者の心理としては、「叱られないか」「評価が下がらないか」という気持ちが当然働く。特に報告相手が職位の高い上司、厳しい上司にはこの傾

向が強く働く。

　速い報告があったら、報告者の気持ちを"思いやる姿勢"（目配り・気配り・心配り）、話をよく聴き正確に理解する"傾聴する姿勢"、思い込みを防ぐために"客観的に考える姿勢"が必要となる。

　そして、的確な指示、アドバイスをするために"真因を見極める姿勢"とシステム思考（「 29-3 心得・其の三　こんな気持ちは要注意」で解説）を使いこなし、対策により様々なトレードオフ（「 35 至る所にあるトレードオフ」で解説）が発生しないよう"リスクを見極める姿勢"が重要となる。私は、これを"「思・聴・考」５つの姿勢"と名付けた。

　また、常日頃の対応として、重大な失敗の速い報告が当り前になるように、「報告が遅い！」と思ったら「迅速な報告が重要である」ことを、その都度指導する。

　上司が行う指導も即応性が重要である。指導するタイミングが遅れないように心掛けることである。忘れた頃の指導は効果がない。「何で今頃」と相手が思うと、逆効果（信頼関係を損なう）になる。（「 20-4 "ほめる・注意"のタイミング」を参照）

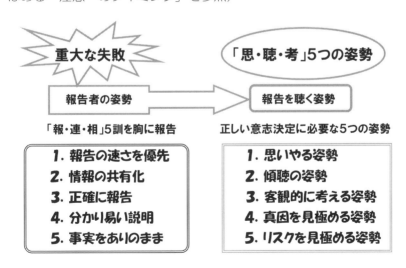

> 上司の心得
>
> 部下の重大な失敗は、自分の失敗と考え、直ぐに行動する。

（2）失敗を活かして "ピンチをチャンスに！"

　失敗によるトラブルを起こさないことが基本であるが、トラブルゼロは、簡単に実現できない。つまり、トラブル後の処理は重要である。トラブル処理は、起こった後の対応で、ピンチがチャンスにもなる。

　自分の失敗で起こったトラブルなのに、一生懸命に処理すると、なぜか "ほめられること" や "認められること" がある。本来、トラブルを起こしたのだから叱られるのが当然であるが、叱る側の人でも自分の失敗でトラブルになった経験は、皆持っている。そんな経験から "叱る" ことより "認める" ことの重要さを考え、実践している人は多い。

　重大な失敗を起こしてもあせらない！　落ち着いた対応が求められる。そして、直ぐに行動！　がっかりして落ち込んでいる時間などない！これから何をすべきか考えるフォワード思考が大切である。（「 21-1 バックワード思考とフォワード思考」を参照）

> 　重大な失敗や不具合を発生させた時、嘆いていても帳消しにできない。対策・改善の実行を迅速にすることが大切、失った信頼を挽回することもできる。

【不具合処理で顧客の心をつかんだ事例】

～併設されている２つのプラントでの出来事～

　１つのプラントは、Ａメーカーの製品で、多くの不具合を出した。もう１つのプラントは、Ｂメーカーの製品で、不具合をほとんど発生させなかった。同じ機能の製品である。しばらくすると、なぜか顧客は、多くの不具合を発生させたＡメーカーを信頼するようになった。

　その理由は、次の通りである。

① Ａメーカーは、多くの不具合を出しても、その後の対策処理を迅速かつ的確にしたことでプラントへの影響を最小限で収束させた。その後の不具合もなくなった。また、<u>不具合の原因・対策の説明が分かり易く、顧客の信頼を得ることができた。</u>

② 不具合がなくなった後も装置の保全に力を入れ、顧客と繰返し会って会話をしたことで、<u>顧客と強固な信頼関係ができた。**"単純接触効果"**</u> である。

③ これに対してＢメーカーは、不具合をほとんど発生させなかったことから"Ａメーカーより信頼されている"との慢心があり、顧客と会話をする機会を作らなかった。

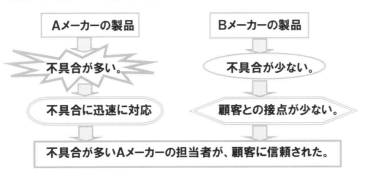

　不具合処理を真摯にすることで、ピンチがチャンスになった事例である。

（1）安全・安心と思うと危険　～緊張感がなく、タガがゆるんだ状態

　安全対策により事故の発生リスクが低下すると、安心感が生まれる。その安心感で、リスクが低下した分を超えて、不安全な行動をとってしまう。「もう大丈夫！同じ問題は起こさない！」と思うと、また問題を起こす。

　これを **"リスク補償行動"** という。

> #### 高名の木登り（『徒然草』より）
>
> 　木登りの名人と世間の人々が呼んだ男がいた。
> 　この男が、人に指示をして、高い木に登らせて枝を切らせた時の話である。
> 　たいそう危なく見えたうちは何も言わなくて、下りる時、軒の高さぐらいになって「失敗をするな。用心して下りよ」と言葉をかけた。
> 　「そのぐらいの高さなら、簡単に飛び降りことができる。どうしてそのような時に言うのか」と聞いたところ……
>
> 　木登りの名人の答えは……
> 　「上にいて目が回り、危ないうちは、自分（本人）が危険を感じているので注意はしません。失敗は安心したころになって、必ずするものです」との答えがあった。

　まさに「安心し過ぎると失敗をする」ことを熟知している名人の言葉である。

【事例　豪華客船タイタニックの沈没事故】

　安全・安心が原因で大事故になった有名な事例として、タイタニックの沈没事故がある。「沈まないのだから救命ボートは少なくてもよい！　動けなくなっても救助船で対応できる」との発想から、必要数の救命ボートを用意していなかった。ところが、石炭倉庫内の火災が原因で、沈まないはずの船が氷山との衝突から短時間で沈没した。その結果、救助船も間に合わず、多数の死者を出す大事故になった。

　様々な対策をした場合においても、完璧な対策などはない。過信は禁物である。

　災害や不具合が発生した時、立派な対策を考え、これで大丈夫と思った時に危険があり、また災害・不具合を起こす。緊張感がなくなった時が危ない。

　つまり、**この対策で完璧！と思った時に落とし穴がある！**

　2018年1月29日「NHK総合クローズアップ現代＋ "ドラレコ" 革命〜危険な運転を炙り出せ〜」によると、安心が危険のリスクを増大させていることが分かった。

■ "ドラレコ" 革命　データが語る事故の真実

　ドラレコ（ドライブレコーダー）は、映像以外にも車の速度、GPS情報、急ブレーキ、急ハンドル、急発進などあらゆる走行データを記録する機能がある。その走行データで、事故や "ヒヤリ" に至った10万件以上を分析した結果、次の事実が分かった。

| ① 時速30キロ以下の低速で起きているケース | 57% |
| ② 見通しのよい道路での発生 | 52% |

この分析から「明るい昼間、歩行者が見えていても、認識できない現

象がある」ということが分かった。

　"もう大丈夫"との思い込みが影響している可能性が高く、安心が危険のリスクを増大したことを示す分析結果である。これは、"心（脳）の脇見"であり、ベテランドライバーでも陥ってしまう現象である。（「 9-1 人の注意量は一定量」を参照）

　車の運転だけでなく、日常的に安心のし過ぎでヒヤリとする行動が見られる。

　リスク補償行動から考えると、安全対策が万全と感じたら、不安全な状態になることを常に頭の片隅に入れておく必要がある。安心のし過ぎは、要注意である。

【私が見かけた、または経験した、安心で起こる危険な行動事例】

◇建設現場の足場に手すりやネットなどの十分な安全対策をすると、足場の上を小走りで走るようになる。

◇生産現場で環境改善や機械化に投資をして、安全度合が高まると、より生産性を高めるために必要以上に生産（作業）速度をあげ、危険度が上昇する。

◇すれ違いが厳しい狭い道路の幅を少し広げ二車線に区別したら、それまではゆっくり走っていた車のスピードが上がり、信号機のない横断歩道で事故が起こるようになった。

　改善や再発防止策による新たな危険が発生しないことを、 29-3 で解説するシステム思考で洗い出し、未然防止の施策を実施することが重要となる。

　そして、安全対策が検討した通りの効果を発揮しているか、対策後においても対策の吟味・検証・評価を忘れてはいけない。

（2）便利と事故は裏表　〜新しい技術の導入がまねくリスク

　新しい技術の導入（機械化）により、移動が容易になり、生産性も向上し生活が豊かになっている。しかし、新技術がもたらす新たな危険の拡大や、それに頼って人の活動範囲拡大、活動スピードが速くなったことで、危険にあう確率が高まり、事故・事件になった多くの事例がある。

【命を守るエアバッグの破裂が死亡事故の原因になった事例】

欠陥エアバッグ問題　〜2008年に初のリコール、その後、大規模なリコールに発展

　エアバッグは、自動車が衝突した際に膨らむことで乗員がハンドルやダッシュボードにたたきつけられるのを防ぐための安全装置として開発された。現在では自動車の標準装備となり普及している。

　その安全装置であるエアバッグに破裂する欠陥があり、その不具合で死亡事故が発生し、欠陥エアバッグ問題として世界中の報道で大きく取り上げられた。

　まさに、新しい技術が新たな危険をもたらした事例である。その影響は世界中に広がり、大きなリコール（回収・無償修理）となり、高額の損失を出した。

　最初の事故を軽視せず、本格的な調査や消費者への徹底したアピールを直ぐに始めていれば、事故の拡大や巨額損失は防げた事例である。

　新しい技術の代表事例としてネットワークがある。ネットワークにより意思の疎通が容易になり、業務が効率的になったことは良いことであるが、一方で情報が溢れ、必要な情報を絞り込むのに余計な時間が掛かることや、余計な情報に気を取られ、時間を浪費するなど、作業効率にマイナスに働くこともある。

　また、"サイバーテロ" "誹謗中傷の拡散による自殺" "個人情報の流

出""ながらスマホによる事故"など、情報化社会に特有の災害や事故が頻発し、安全・安心社会の新しい脅威となっている。

【2005 年、機械化で起こったトラブル　～ある有名な事件】

　1 株を 61 万円で売るところを、61 万株を 1 円と入力ミスした上に警告も見逃した事件がある。入力ミスの取消が出来ないシステムであったため、およそ 400 億円の損失となった。機械化により、単純な入力ミスが大きな事件となった事例である。

　新しい技術の導入は、推進しなければいけないが、それがきっかけで起こる災害・不具合が必ずあると考え、次の項で解説するシステム思考で起こりうる問題を洗い出し、未然防止に取り組むことが重要である。

29-3　心得・其の三　こんな気持ちは要注意

＊ 早く結論を出したい。

＊ 説明し易く、誰にでも分かり易い原因にしたい。

＊ 対策の立て易い原因にしたい。

　こんな気持ちが芽生えると、対策として分かり易い「実効性のない規定の制定、新規チェックシートの運用」「不具合を発生させた当事者のみの教育・訓練」になる。そして、一度対策を決めると **"一貫性の原理"** が働き、更によい対策案があっても無視をする。（**"一貫性の原理"** とは、自分の言動、行動、価値観に一貫性を保つように振る舞うこと）

　現場で作業手順書のように細かく記載している規定・チェックシートを見かけるが、規定・チェックシートが本当に効果的に運用されているか、確認をしなければいけない。即効性を重んじるばかりに、本来重要な現場改善や人材育成が中途半端で、仕組みやチェックシートに頼り過ぎている傾向がある。

そこに気が付いたら、「第３章 人を育てるこつ」「第７章　仕組みとチェックシートに頼り過ぎは危険！」を参考に改善を進めてほしい。

（１）陳腐な対策に注意

再発防止などの対策が面倒に思うと、対策内容を先に決めて、原因を作り出すような行為をしてしまう。逸脱行為であり、逆算思考の悪い事例である。

結果的に効果のない的はずれで陳腐な対策になる。直ぐに対策案を思い付く鋭いベテランの直感を否定はしないが、一人より二人、二人より三人の知恵が勝る。真の要因を把握しなければ、対策検討が時間の無駄遣いになることを、対策を検討するメンバーは、強く認識しなければならない。

特に“やらされ感がある時”“忙しい時”どうしても出てくる気持ちなので、着実に対策を進めるためには、真因を突き止めるリーダーの姿勢が大切である。また、対策が次の事故の原因になるケースがあり、それを防ぐためには、先読みするためのシステム思考が役に立つ。

<u>真のベテランは、このシステム思考を無意識で使いこなしている。</u>

（２）システム思考を使いこなす　〜失敗を予測する

システム思考を端的に表す言葉　「風が吹けば桶屋が儲かる」

「風が吹くと、巡り巡って桶屋が繁盛する」との意味である。

システム思考とは、物事を構成する様々な要素が、どのように影響し合っているかを明らかにするための思考法である。表面に出ている部分だけでなく、事象の背後にある構造を明らかにすることで“なぜなぜ分析”と同様に問題の本質をあぶり出す思考であり、不具合分析だけでなく、上手に使いこなせば、事業戦略を検討する上で役立つ思考法である。

【事例　競合メーカーＡ社とＢ社の値下げ競争】

　１社だけを見るのではなく、関連するＡ社とＢ社を含めた全体を一つのシステムとして考えることで、値下げ競争の実態把握ができる事例。

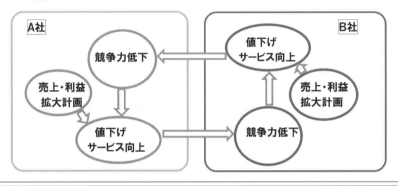

【事例　利益拡大が利益減少になるケース】

　何も考えず目先の利益を追い求めたコスト削減が、巡り巡って利益減少になる事例。

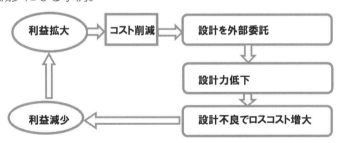

　この事例では、設計の外部委託と同時に利益減少の要因となる設計力低下を未然に防ぐため、設計者の育成と設計の外部委託のボリューム管理が重要な施策となる。

　対策が次の事故原因になった事例を紹介する。この事例からも、システム思考により、その対策が、次の事故の原因にならないことを、しっかり確認することが重要であることが分かる。

【対策が次の事故原因となった事例】

1951 年、京浜線桜木町駅列車火災事故

　走行中の満員電車で火災が発生し、中に閉じ込められた 106 名もの乗客が焼死した。

　火災が発生した時、自動ドアは使えなかった。

　乗務員が手動でドアを開ける操作をすればよかったが、その措置もなかった。結果的に乗客は逃げ道がなく、大惨事になった事故である。この事故の対策として、自動ドアを乗客が自ら開けて脱出できるように非常用ドアコックの位置表示がされた。この対策により "乗客が自ら電車内から脱出できない" との状況は解消した。

対策

次に、乗客が自ら脱出できることが裏目に出た事故が発生する。

1962 年、常磐線三河島事故

　この事故は、列車の脱線事故が発端となった。脱線で大きな怪我をした乗客はいなかった。列車が停車したため乗客は勝手に非常用ドアコックを使って外に出て線路を歩き出した。そこに赤信号を無視した列車が突入して乗客をはね、大惨事となった。この事故の対策として、自動列車停止装置の導入と「異常が発生したら、直ちに停車しなければならない」と規則が改定された。

原因

対策

更に 10 年後、停車位置が原因で事故が発生する。

1972 年、北陸線北陸トンネル内列車火災事故

　食堂車から火災が発生。三河島事故で改定された規則に従って列車をその場で停止させたが、そこは全長14キロメートルの長いトンネルの中であった。

　トンネルの中で停車したため、乗客は煙に巻かれ、多くの死傷者を出した。

原因

この事故の対策として　「トンネルを抜けるまでは、列車を停止しない」という規則改定や可燃性の車両を全廃することになった。この事例は、大事故であるが、我々の身近な災害や不具合でも、発生する度に本質的な対策をせず、規則を改定し続けている実態がある。

　重要なことは、対策が浪費にならないよう本質的な対策を検討することである。

　この事例では、火災の対策なら、燃えない材料を最初の再発防止策で採用しておけば、次の事故は防げたことになる。（最初の事故当時では、難しい対策かもしれないが）

　そして、中途半端な対策にならないように、システム思考により、対策による影響を洗い出すことや、想定外の事象を洗い出すことが、新たな事故を防ぐために重要である。

（3）"顧客・上司への報告＝対策完了"に注意！

　災害や不具合が発生した時、"顧客・上司への報告＝対策完了"になっていることがある。また、なんとか顧客や上司に対策を納得してもらおうと必死で考えると、いつの間にか本質的な対策案を考えるより、論理的に分かり易く報告することが目標となる。

　原因と対策案の報告が終わると、対策の実行が不十分でも次の仕事に取り掛かり、対策の確実な実行が忘れ去られる。報告重視の厳しい上司や、大きな組織で仕組みが多い職場などで起こり易い現象である。

　対策後の完了報告も"つじつま合わせの作文"になりやすい。その結果、対策が現場に浸透し、効果が出ているかどうかのチェックがなされないまま放置されることとなる。そして、不十分な対策のため、継続的に同じような災害や不具合の発生、実施した対策が原因となって、新たな災害や不具合を発生させることがある。

　"対策（再発防止策）に100点はない！"

　対策が実運用で問題がないか、効果は見込み通りか、新たな災害や不

具合の要因にならないか（トレードオフ）、より効果的な改善案がないか、継続的な確認が必要である。

対策の重要なポイント

① 実行して、効果のある対策になっていることを確認しているか。
② 新たな災害・不具合要因にならないことを確認しているか。
③ 実施後、より効果的な対策になる様、継続的に改善しているか。

29-4　心得・其の四　要因を考える時の鉄則

不具合を起こした現場や現物を調べ、事実を把握し、真因を様々な視点で考える。

【不具合事例】

大物工場で、ある装置を稼働させたところ異常が表示された。その表示を作業員Aが見落とし、停止させなかったため、製造中の製品を破損させた。更に装置の中から煙が出ていたため、何とか自力で復旧させようとして作業中に怪我をしてしまった。

さて、皆さんはどう思いますか。

「重要な表示を見逃すし、直ぐに報告もしない。更に自らが怪我をする。Aは能力が低い作業者だ」と考える人は多い。

そして、再発防止策として、作業員Aの教育と「装置稼働時に異常表示を確認する」との作業手順を定め、確認するためのチェックシートを作成する。

でも……別の作業員Bでも表示を見逃さないか？

＊ 作業者が集中力をなくす何かが、あったのではないか。
＊ 見逃しやすい、見間違いやすい何かが、あったのではないか。
＊ 直ぐに報告しづらい何かが、あったのではないか。

■不具合発生後の現場・現物調査で判明したこと

① この装置の異常表示は指向性に問題があり（斜めから表示が見えにくい）、点灯しても見逃し易い表示器であった。また、周囲の騒音が激しいため警報音が聞き取りにくかった。（設置環境や作業者への配慮が欠けた設計になっていた）

② 装置の使用頻度が少ないこともあり、警報発生時の復旧手順が明確にされていなかった。また、目の前で煙が出ているのに報告を優先する人はいない。なんとかしようと思うのが普通である。

　現場や現物に目を向けて事実を把握することが、再発防止策を考える第一歩である。事実を十分把握せず、真因を追究（なぜを５回繰り返す）しても的はずれな対策になる。

> **教訓**
> ・ヒューマンエラーは原因ではなく、別な原因により誘発された結果に過ぎない。
> ・責任追及より真因追究を優先しなければならない。

逸脱から違反になることを抑制するには

　誰もが安易な気持ちで逸脱することがある。「**⑦** 逸脱に注意！　近道行動・省略行為」で解説した **"認知的不協和"** が関係する。だから、違反の種である "逸脱" は、だれもが簡単に犯しやすいヒューマンエラーである。

> **【逸脱の事例】**
> ① 周りに誰もいないし、車の往来も少ないので、赤信号で渡った。
> ② 作業量が多かったので、一部手順を省略したが問題はなかった。
> ③ 速度制限を 10km オーバーして運転したが、運転に支障はな

かった。

④ 何年も同じ点検をして異常がないので、簡単な外観検査は点検
せずに点検をしたことにして検査記録を残した。

（1）"逸脱"の延長線上に"違反"がある

違反を起こさないようにするため、"逸脱"しない取組、"逸脱"から
"違反"になるのを抑制する取組が重要となっている。

逸脱が問題視されないと、エスカレートして違反になる（遵法性の麻
痺をまねく！）。結果として災害や不具合が発生、時には重大災害（事
故）や事件になる。

これは個人でも団体でも発生している。

【逸脱が違反になる事例】

① 信号を無視するくせがついて、バイクと衝突。大怪我をした。

② 一部手順書通りにしなくても問題が発生しなかったので、自分
勝手に作業手順を大幅に省略して、重大災害を起こした。

③ 徐々にスピード超過が麻痺し、速度制限を 50km オーバーして
運転、死亡事故につながった。

④ 点検していないのに、点検したことにして記録をねつ造、その
範囲が徐々に拡大し重大災害となり、事件として報道にも取り
上げられた事例がある。

【報道された違反事例】

① 2014 年、韓国の旅客船沈没事故

コスト優先で、船長も契約社員で正社員ではなかった。積荷
も積載違反。避難訓練もしておらず、検査もずさんで規則違反
も多数あった。安全優先・人命優先の観点から考えると、とて
も信じ難いことであるが、逸脱を積み重ね違反（重大事故・事

件）となった事例である。

② 競争が激しい自動車業界で起こった様々な違反（排ガス規制逃れの違反、燃費データ改ざん、無資格者の完成検査など）

　　無資格者による完成検査の不正、ソフトの改ざん、データの改ざんなど、日常的に複数の会社が違反していた。中には会社ぐるみで違反しているケースもある。

③ 食品業界の違反事例

　　2001年、複数の食肉業者が、輸入牛肉を国産と偽り、国の補助金を詐取した。

　　2007年、老舗の和菓子屋が、余った餅を冷凍、解凍日を製造日として偽装した。

　　2008年、米穀加工・卸売り業者が、非食用の米穀を食用として転売した。

　　2014年、有名な日本料理店が、無名の和牛を松坂牛と表示して販売した。

　　2016年、産業廃棄物処理業者が食品廃棄物を不正転売した。

（2）違反をなくす対策

　無くならない逸脱と違反、その結果、会社の存亡にも関わる事態に発展している。

　逸脱を無くす。または逸脱から違反に発展するのを抑制するためには倫理観の醸成が大切である。

　"倫理観"とは、人として守るべき道を踏み外さないように考えることである。

　教育・訓練で、その倫理観の醸成をしっかりしなければならない。その作業の大切さ、手順の必要性、守らないとどんな災害や不具合、そして事故や事件になるのか、しっかり教えることが大切である。

　2015年、マンションの杭工事データ偽装で、マンションが傾き、建て替えに発展した事件があった。杭打ちを確実にしなければ、マンションが傾くことを、現場作業者に徹底して教えていれば防げた可能性が高い事例である。

　逸脱や違反を無くし、社会に貢献する企業になるには、成長（売上や利益を目指す）だけでなく、<u>成熟（倫理が基本）を意識した戦略が不可欠な時代になっている。</u>哲学的思考である。

　「**41** 仕事の一流・二流・三流は、思考と発想の差」を参照のこと。

31　第三者の視点　NOT KNOWING 思考

31−1　第三者の視点で甘えの構図をなくす

西瓜泥棒（＊13）

　ある夏の夜、農家の婦人が幼い子を連れて我が家へ帰る際、畑に熟した西瓜が坊主のように連なっているのを見た。月は明るく、まるで昼のようであった。人通りのない夜中の田舎道である。婦人はふとよからぬ心を起こした。たくさんの西瓜の一つぐらい盗ったとしても分かりはしまい。そう思った婦人は子供を見張り番に立たせ、畑の中に入って、一番大きな西瓜に手を伸ばそうとした。しかし、何となく良心がとがめるような心持がして、止めておこうかとも思ったが、誰に知れることもないからと再び手を伸ばそうとした。

　念のためにと、見張り番をさせている子供に声を掛けて「誰も見ていないか」と聞いたところ、子供は言った。

　「お母さん、大丈夫だよ。お月様の他は誰も見ていないよ」

　この一言に婦人は震え上がるほどに良心の痛みを感じ、恐怖を抱

きながら子のそばに駆け寄った。

　「おお、よく言ってくれた。誰も見ていなくても、神様には見られているのだった。浅ましい出来心から取返しのつかない罪を犯すところだったが、お月様が見ているとお前が言ってくれたおかげで、この罪を免れた。お前は天の使いである」

　子供の一言は第三者の言葉である。会社の不祥事や経営判断ミスなど、当事者では客観的な判断が難しい問題が起こった時、第三者委員会や有識者委員会など、客観的に判断できる組織（人材）がよく使われるようになった。

　不祥事が発生した場合、当事者同士の甘えの構図を無くさなければ、真の要因をはっきりできず、対策もいい加減になりやすいため、第三者によるチェックが必要となる。

　第三者の視点、NOT KNOWING 思考（無知の技法）または、ゼロベース思考である。

　製造メーカーでの設計審査や監査でも甘えの構図にならないように、様々な知識を保有し客観的な視点を持つ人たちがチェックしなければ、問題を見落としかねない。その上、当事者は偏った問題のとらえ方をしているとの自覚がないため、視点の異なる複数の"目"が必要となる！

31-2　第三者の視点が必要な"異常に慣れ"

（1）注意！　知らない間に異常に慣れている

　異常な状態をそのまま放置しておくと、それが当り前（異常に慣れ）になってしまう現象がおこる。

【"異常に慣れ"が大事故に発展した事例】

　ある装置の警報が発生した。ノイズによる誤動作と考え、警報を
リセットすると警報は停止し正常な動作に復旧した。その後も月1、
2回警報が発生した。その都度、機械的に警報をリセットした。真
因の追究もせずノイズ対策もしなかった。その結果、警報が発生し
たら、リセットすることが当り前の作業になった。

　ある日、いつもより短い周期で警報が発生したが、当り前のよう
に警報のリセットを繰り返した。実はその時、既に装置が間欠的に
故障をしていたが、気付かず放置した。しばらくして、事故に発展
した。

作業場でも異常な状態に慣れると、それが当り前（正常）になる。同
じ職場の人が安全パトロールをしても、いつもと同じなので気付かない。
ある時、異動してきた上司など第三者的な視点を持つ人が安全パトロー
ルをして、その異常な作業環境に驚く！

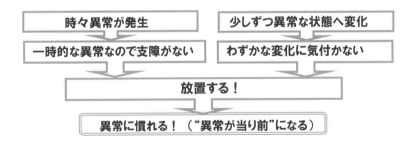

ドストエフスキーも言っている。

「人間とは何事にも慣れる存在だ」

慣れるのは人間の素晴らしい能力である。しかし、異常な状態でも見
続けていると慣れてしまう。だから、同じ環境にいる人では、異常に気

付きにくい。異常な生産環境、異常な保守点検、異常な設計審査などが当り前になっていたら、当事者では気付きようがない。"異常に慣れ"を解決するには客観的に判断できる第三者の目（メタ認知能力）、できれば異分野の人の意見が不可欠になる。

　メタ認知能力については、「 16-2 　メタ認知能力の向上」を参照のこと。

　次の事例は、いずれも長年にわたって不正が常態化し"異常が当り前"になった結果、事件となり報道されたものである。

【政務活動費の不祥事に見る"異常に慣れ"の事例】
① 2014 年、兵庫県議会議員の政務活動費不正支出事件
② 2016 年、富山市議の政務活動費不正支出による"辞職ドミノ"
③ 2017 年、神戸市議による政務活動費不正支出

【検査データ改ざんで大きな損失となった事例】
　2017 年、あるメーカーで素材の検査データの改ざんが発覚した。取引先が求める規格から外れても、取引先との合意があれば出荷ができる"特別採用（トクサイ）"と呼ばれる方法があった。それを拡大解釈し、規格外の製品でも合意がないまま出荷を続けていた。この不正は、少なくとも 1970 年代から続いていたという。同様に素材を扱う複数のメーカーでも製品検査データの改ざんが見つかっている。

　データ改ざんは多数の人が関係しており、"**集団同調**"や"**ミルグラム効果**"の影響もあると考えられる。"**ミルグラム効果**"とは、上司の命令なら非論理的、非倫理的なことでもやってしまう行為のことである。1963 年、心理学者のスタンリー・ミルグラムが提唱した効果。

（2）"異常に慣れ"の対策

　先に解説した「 16-2 メタ認知能力の向上」以外に"異常に慣れ"の対策に役立つのが、NOT KNOWING 思考（無知の技法）または、ゼロベース思考である。「異常に慣れると、異常であってもそれが当り前になるが、知らないことが異常の発見に役立つ」との思考法（第三者の視点による思考法）である。

　不祥事の多くは、第三者のチェックで発覚している。その事実が、第三者（有識者）のチェックが有効であることを示している。

　不祥事が発生していない会社の中には、既に第三者の視点でチェックしている会社もあると思うが、これからの時代、会社が生き残るには、製造プロセスの中で、「悪いことは悪い」と言える人材育成、分野の異なる組織間の相互チェック、社外の人材活用など、第三者の視点でチェックする仕組みの構築が必須となっている。

　検査データの改ざんの対策では、「❸❸ 良品条件アプローチへの取組」により不良を出さない取組が効果的である。不良を出さなければ、改ざんする必要もなくなる。

　不祥事が発生してから再発防止に投資するのでは、会社の印象が悪くなり、社員のモチベーションも下がり、目に見えない大きな損失を生む。"人は手を抜く"という性悪説を念頭に、未然防止に効果的な投資をすることが経営者に求められている。

（3）NOT KNOWING 思考またはゼロベース思考のこつ

　NOT KNOWING 思考もゼロベース思考も、悪しき習慣に毒されていない"子供心に戻る"ことである。"異常に慣れ"の対策として使う場合の"こつ"を次に紹介する。

　①　無意識にしていることを少しでも疑問に感じたら、なぜこうなっているのか敢えて考える。"なぜ"を繰り返し、根っこになって

いる理由を把握する。

他部門や他社の事例などを調べる。公開されている情報は多く、同じような問題や悩みの情報は、容易に入手できる。

② ありのままに物事を観察し、事実を把握する。3現主義に徹する。「 16-4 3現主義は学習に不可欠」を参照のこと。

③ 第三者に事実を伝え（情報管理に留意）、意見を聞く。

④ 他部門や他社で発生した問題に関する情報で、自分の仕事に少しでも関係があると感じたら（ハッとしたら）、他人事で済ませない。「 28-1 他人事から我が事へ」を参照のこと。

第6章

品質不具合ゼロ
への挑戦

32 品質の作り込みに重要な
フロントローディングと変更点管理

■ ＩＴ業界のサグラダ・ファミリア (＊15)

　みずほフィナンシャルグループが、経営効率化のために取り組んだ
「勘定系システム」の刷新・統合プロジェクトは、1000 社ものシステ
ムインテグレーターが参加した史上最大級のＩＴプロジェクトである。

　システム刷新は何度も挫折し、2002 年と 2011 年には大規模なシ
ステム障害を引き起こした経緯があり話題を呼んだ。更に、2021 年に
も障害を起こした。なかなか完成しない教会にちなんで「ＩＴ業界のサ
グラダ・ファミリア」とまで呼ばれた。

> **補足**
>
> 　サグラダ・ファミリアとは、着工から 100 年以上が経過しても
> 今なお建設途中というスペインのバルセロナにある世界遺産のカト
> リック教会である。

　このような大規模なプロジェクトでなくても、品質問題は、様々なプ
ロジェクトで繰り返し発生している。プロジェクトメンバーが多人数の
ため連携が難しい点はあるが、コスト悪化した案件、大幅に工程遅延を
起こした案件の多くは、品質問題の主要因として、"フロントローディ
ング不足"と"変更点管理不備"が考えられる。

32−1　フロントローディング

　製品製造のプロセス（特にソフトウェアを含んだ製品）における注意
すべきポイント。

> ① 仕様や設計変更が、生産工程の下流で発生すると、改修時間が

　　掛かり、コスト悪化の要因になる場合が多い。
② 製品コストの大部分は上流設計で決まってしまうため、下流に
　　なればなるほど価格低減の余地は小さくなる。

　以上の理由から、最適な品質・コストを作り込むため、製品製造プロセスのフロントである上流設計にリソースを投入する（ローディング）ことが大切となる。
　具体的には、設計思想や基本仕様を含めた上流設計の設計審査に、設計メンバーだけでなく、品質管理、工作、生産管理、開発、資材、営業、経理の各部門のスペシャリストが参加し、製品品質を様々な視点で確認する。その結果、設計変更が少なく、工作・保守・保全など製品サイクルを考えた製品作りが可能となる。（「 37-4 　チーム思考のメンバー構成」を参照）

> **注意**
>
> 　外部委託が進むと、技術・技能が流出し、社員の能力が低下する（トレードオフ）ため、連携がうまくいかず、フロントローディングの障害になる。「 35-1 　トレードオフに注意 (2) 外部委託 VS 技術・技能の低下」で解説する。

　上流設計を固める設計審査では、基本仕様などをチーム思考で精査し、品質の作り込みを念には念を入れて行うことが、フロントローディングを実現するポイントになる。
　上流設計で、部分試作を繰り返しながら品質を作り込む方法がある。その場合、生産が少量の製品なら検証したい構造などを部分試作するが、量産品であれば試作せずに3次元 CAD（Computer-Aided Design）や仮想現実 VR（Virtual Reality）により評価・検証する手法が使われる。CAE（Computer-Aided Engineering）である。設計変更にも柔軟に対応できることから、フロントローディングの強力なツールとなっている。

（1）上流設計のホールドポイント管理が重要

　上流設計の品質作り込みが不十分なまま、設計審査のホールドポイントを解除させてはいけない。特に上流設計のホールドポイント解除は確実にする必要がある。中途半端な解除は、不具合要因を後工程に送ることになり、品質の低下、コスト悪化をまねく。

> **補足**
>
> 　ホールドポイント管理とは、ホールドポイントに設定した設計段階などの作業が確実に完了したことを確認し、次のプロセスに移ることを許可（ホールドポイントの解除）する管理のこと。

（2）品質レベル・設計工数・発生費用の推移（イメージ）

　フロントローディングが、出来ている場合と出来ていない場合の品質レベルについて、生産工程の上流から下流までの推移（イメージ）を示す。

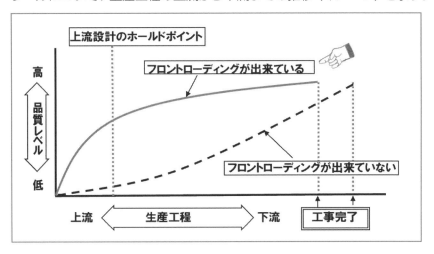

32-2　変更にはミスが隠れている

　設計変更した時や作業要領（仕組みやチェック項目を含む）を変更した時に、その変更がシステムの機能や他の作業にどのような影響を与えるのか、十分に検討しないことが原因で、不具合が発生している。不具合の発生要因は、主に"変更点管理"の不十分さにある。

　一般的に新しい設計には慎重になるが、既に動いている装置の設計変更や改造、作業要領の変更などは、慎重さに欠けやすい。また、元々の設計思想や作業要領を決めた背景などを把握するには時間が掛かるため検討不足（手抜き）になりやすい。その手抜きが不具合の原因になっていることを自覚しない限り、変更による問題発生はなくならず、時には大きな損失を生む要因になる。

　変更点管理不足による不具合の多くは、目先のスケジュール優先・コスト優先の気持ちが影響していると考えられる。「変更には、必ずミスが隠れている」との強い思いで、品質に妥協せず、念には念を入れる気持ちが重要となる。

　そして、変更が発生した時の対応として、「㊲ チーム思考」によりトレードオフなどの問題が発生しないことを確認する体制や仕組みを構築すると共に、手抜きにならないように管理することが求められる。

　トレードオフについては、「㉟ 至る所にあるトレードオフ」で解説する。

> **注意**
>
> 　新製品で既存のソフトウェアを部分流用する場合、多くの不具合事例が示すように、安易に変更扱いで処理すると、大きな損失をまねく。見積段階での計画が重要で、ソフトウェアの流用を見込み、中途半端な見積や工程の計画にしてはならない。

33 良品条件アプローチへの取組

(1) 不良を見つけるのではなく、不良をつくらない取組

仮に100個の製品を製造し、不良品が3個出た場合。

良品 97個

不良品 3個

　一般的には、製造ラインで見つかった不良品3個の原因究明と対策およびフィールドで発生した製品不具合の原因究明と対策を実施している。対策（再発防止）や水平展開は重要であり、確実にしなければならない。しかし、このような<u>後追いの対策（問題解決型／流出防止）"だけに注力しても、品質不良ゼロを達成することはできない。</u>

　その主な理由は、以下の通りである。

① 真因の把握ができない場合があり、的確な対策が困難
・作業ミスは、作業負荷や作業者の能力、心理や体調などが複雑に関係するので全ての真因を洗い出すことが難しい。
・フィールドで発生した不具合は、破損が激しい場合がある。

② 現場・現物の変化が激しく、次々と新しい問題が発生
・新製品の投入、製品の改良などで製造ラインが変化する。
・現場改善（作業性向上など）への取組により作業環境が頻繁に変化する。

③ 技術・技能伝承不足による製造不良の発生
・熟練者の転職（早期退職含む）などで、後継者の育成が不十分な場合がある。
・カンとコツの見える化が不十分なため、世代交代時にカンとコツの伝承に時間が掛かり、伝承が中途半端になりやすい。

　そこで頭を切替え、良品の97個に着目する。良品ができている生産プロセスを分析し、どのようにしたら良品しかできない生産プロセス（作業条件、作業手順など）が実現できるのかを考える。

　<u>良品条件アプローチとは、品質をプロセスで作り込み、不良を見つけるのではなく、不良をつくらない取組をすることである。</u>この取組は、想定外の不良を極小化することにつながり、フィールドにおける不具合発生率が低い製品作りを可能にする。

（2）良品しかできないプロセスの実現

　プロセスで品質を作り込み、良品100%を実現するには、下図のように、ものづくりのバラツキを小さくし、中心値を良品範囲の中央に維持する必要がある。

　"ものづくりのバラツキ"の把握には、❹のチェック要領で解説する「測定した数値を記入する方式」が役立つ。

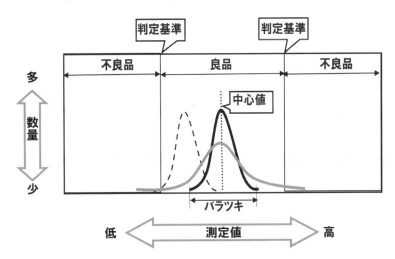

　不良を見つけるのではなく、不良をつくらない取組とは、"問題解決型／流出防止"の方法から"課題達成型／未然防止"へ変える取組である。

■問題解決型／流出防止のイメージ　　不良品は、検査で見つける。

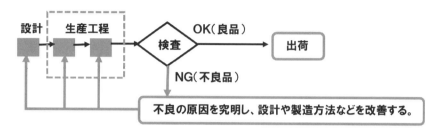

■課題達成型／未然防止のイメージ

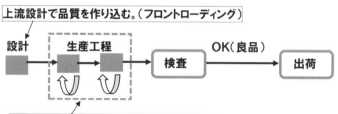

　良品条件アプローチを具体的に実現するには、生産工程で100%良品を作るために4M（人材／設備・機械／材料・原料／方法）の改善を地道に推進しなければならない。

① **人材（Man）**　人の育成なくしてミスは防止できない。
　「第3章　人を育てるこつ」と「第4章　働き方改革にモチベーションアップ（やる気）は欠かせない（特に 22-1 適切な目標設定）」を実践する。

② **設備・機械（Machine）**　③ **材料・原料（Material）**　④ **方法（Method）**
　「㉟ 至る所にあるトレードオフ」に注意しながら、次の取組を推進する。

◇ムダ・ムラ・ムリの削減

【事例】　ボトルネック作業の改善（自動化など）

◇設計による先取り（作業ミスは設計の良し悪しが大きく影響する）

【事例】「**㉞** 品質の先取り設計」、製造、試験、保全のしやすさ
を考えた構造の簡素化、標準化、部品や材料の種類削減

◇材料／製造／試験／保全の標準化

【事例】カンとコツの作業を排除する。
例えば、各種センサーやＡＩ（人工知能）の活用、治具
などの工夫で現物合わせの作業を無くす。

【事例】ものづくりのバラツキを極力小さくする。

◇日常業務における改善

【事例】「 28-3 職場での日常管理　先輩語録10ヶ条」への取組
特に5S3定の徹底、ヒヤリ・ハットの撲滅を強力に推進
する。

　"品質不良ゼロ"を実現する道のりは険しく、大変な労力・気力が必要であるが、必ず実現する気概を持って取り組まなければ、成果を手に入れることはできない。

（3）トヨタの自工程完結 (＊16)
〜仕事の質をあげ、生産性をあげ、やる気を生み出す仕事

　良品条件アプローチを実践している事例として"トヨタの自工程完結"がある。

　自工程完結とは、良い仕事しかできない条件、良いものしか作れないという条件は何なのかを科学的に実現しようとするもの。心掛けに終わるのでなく、品質を生産工程でつくり込むことを科学的、実証的に行うことを実践し、実現している。

34 品質の先取り設計

（1）操作ミスが異常にならない。
または、異常（危険）の検知で災害・事故を防止

■フールプルーフ

作業員が操作ミスをしても異常につながらない装置（機構）
または、危険な操作がそもそもできない装置（機構）
（人間は、そもそも間違えるもの！との前提で設計をする）

> 【事例】
> ◇オートマチック自動車の場合、ブレーキを踏まないとシフトレ
> 　バーをパーキング位置から動かすことができない。
> ◇ドアを閉めないと動かない電子レンジ
> ◇人が座っていないと水を噴射しない洗浄便座

■フェイルセーフ

装置（機構）に故障などで障害が発生しても、安全が確保されるように制御すること。

> 【事例】
> ◇石油ストーブの転倒時の自動消火装置
> ◇列車の自動停止装置（ATS：Automatic Train Stop）

■フォールトトレラント

一部機能の障害が全体の機能に波及しないように、残った機能で運用ができるようにすることをフォールトトレラントという。

【事例】

◇小惑星イトカワの探索のために打ち上げられた小惑星探査機「はやぶさ」は、様々な障害を乗り越え、残った機能で地球に帰還した。

◇原子力機器安全系の設備は4重系の構成になっており、単一の故障発生時には故障系統を切り離し、残りの機器で稼働を続ける設計を採用している。

（2）トレーサビリティ　（逆探知力）

　トレーサビリティ（逆探知力）とは、不具合が発生した場合、原因の特定と同時に製品の製造履歴の情報からその影響範囲をトレース（追跡）し、リコール範囲を限定することをいう。確実で迅速なトレーサビリティをするには、製造履歴の情報管理が重要である。

　履歴管理の情報としては、部品・素材の製造ロット管理の情報、検査・試験データ、組立履歴、変更履歴など、問題が発生した時にトレースを可能にする情報であり、重要度に応じて一定期間または永久保存する。

> **補足**
>
> 　ロット管理とは、仕入・製造等の業務で発生する製品単位（ロット）ごとに製品を管理すること。

　トレースができることで、不具合が発生した時、製造工程にさかのぼって原因究明が可能になる。その結果、不具合対象の絞り込み（対策範囲の限定）が可能となり、不具合による影響を最小限にすることができる。特に、新しいデザインが競争力の決め手となる自動車や家電製品、そして、健康に直接影響し、安全・安心が重要視されている医薬品、食品などのトレーサビリティは、重要度を増している。

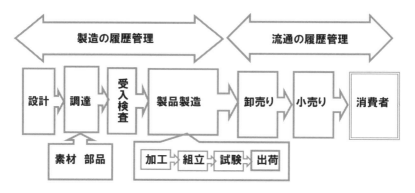

　トレーサビリティに必要なデータの保存は大量になるが、そのトレーサビリティが容易にできるシステムを構築することで、不具合が発生した時に、その影響範囲の特定が確実で迅速になる。

　影響範囲の特定が確実で迅速になると、市場に出回ったリコール品の回収が早くなり、不具合による顧客への影響やロスコスト（損失）が最小限になる。

　現代社会は、訴訟の世の中になり、トレーサビリティの良し悪しで、会社の存続に関わる事態に発展することは珍しくない。トレーサビリティは、いざという時に大いに役立つことを肝に銘じて取り組む必要がある。不具合発生後に取り組むのでは遅く、先取りが肝心である。

【リコールの対応が重要視された事例】

◇ 自動車　　欠陥エアバッグの異常破裂による不具合が発生。リコールの遅れが高額の損失を生んだ事例がある。

◇ 家電製品　エアコン、ヒーターなど欠陥がある製品を放置すると、火災などの事故が発生することもあり、確実な製品の回収が必要となっている。

◇ 医薬品　　承認規格不適合、不適切な製造、試験不備などによるリコールが発生している。人の健康に直結するので迅速な情報提供が求められている。

◇ 食品　　病原性大腸菌 O157 による健康被害、異物混入な
どのリコールがある。その中で、トレーサビリティ
が不十分で損失が拡大した事例がある。

35 至る所にあるトレードオフ（二律背反）

35－1　トレードオフに注意

トレードオフとは、何かを達成するために、別の何かを犠牲にすること。

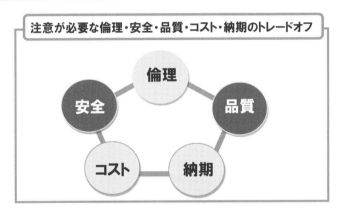

注意が必要な倫理・安全・品質・コスト・納期のトレードオフ

　利益を優先し、コスト削減に高い目標を設定すると、安全・品質管理
が不十分になり、作業現場で災害・不具合が増加し、納期が遅延する。
　そして、再発防止のために安全・品質活動を活性化しようとするとコ
ストが掛かり、利益が減少する。その利益減少分を挽回するために更な
るコスト削減を激しくすると、倫理観が低下し、手抜きから不祥事につ
ながる。その結果、会社として社会的信用を失うことになる。
　倫理・安全・品質・コスト・納期の間には、様々なトレードオフが起
こり易いことを常に意識しておく必要がある。次に、よく見かけるト
レードオフについて説明する。

（1）“ムダ取り”で過大な目標　VS　安全・品質意識の低下

　生産性を上げるために“必要な時に、必要な物を、必要なだけ”製品を生産するJIT（Just In Time）活動の取組が盛んに行われている。そのJIT活動で“ムダ取り”だけを目標にしているケースがある。

　“ムダ取り”で大きな成果を出すために過大な改善目標（極端なコスト削減や工程短縮など）を掲げると、いくらJIT活動に真剣に取り組んでも、目標に届かないことがある。

　それでも何とか目標を達成しようとすると、作業負荷が増大しムリが発生する。

　その結果、**“認知的不協和”**が働き、手抜きの要因にもなる。（認知的不協和については、「**❼**逸脱に注意！　近道行動・省略行為」を参照）

　このような場合、**“適切な目標設定”**と共に**“ダラリの法則”**（ムダ、ムラ、ムリ）を常に考え、“ムダ取り”だけでなく、“ムラ”“ムリ”の削減も含めたバランスのよい取組が重要となる。また、“ムラ”“ムリ”の改善は、“ムダ”の改善につながることも忘れてはならない。（目標設定については、「**22-1**適切な目標設定」を参照）

教訓
　“効率”と“手抜き”は、紙一重！

（2）外部委託　VS　技術・技能の低下

　コスト削減の視点から設計、品管、工作など様々な部門で外部委託が進んでいる。その結果、委託する側の人員削減が進み、技術・技能が年々低下する。

　技術・技能低下の未然防止には、委託する側の多能工化（一人で複数の業務をこなす能力の向上）などの人材育成を計画的に実施すると共に、人材育成の進捗に合わせた外部委託のボリューム管理が必要となる。

（3）製品の標準化　VS　設計力の低下

　製品の標準化は、コスト低減、品質向上の観点からも推進すべきことであるが、設計する機会が減少することから設計力の低下を招きやすい。

　標準化を推進する場合は、維持が必要な設計力の見える化と、設計力維持のために必要な教材準備や教育を計画し、実行することが重要となる。

（4）生産設備の機械化　VS　工作技能の低下

　生産設備の機械化推進（工具類を使った作業の機械化など）は、工作人員の削減と共に工作技能の低下が起こる。また、機械化により完全な自動化が出来ている場合でも、納品した製品の保全、不具合が発生した時、自動化のラインが止まった時などに工作技能が必要になる。そして、新しい製品を生み出すためにも工作技能は不可欠な能力である。

　従って、機械化を推進する場合は、維持が必要な技能の見える化と、その技能の維持に必要な人材育成（多能工化など）を計画し、実行することが重要となる。

（5）生産設備の高度化　VS　安全意識の低下

　安全を歌い文句に高度化された生産設備の導入で、操作や作業に対する慎重さが薄れ（安心感が生まれ）、それが災害を発生させる要因を

内在することがある。「 29-2 心得・其の二 過信は禁物」で解説した
"リスク補償行動" である。

参考

> **機械化や設備の高度化を進める上で常にチェックが必要なポイント！**
> **"人の能力"と"機械化"のバランス**
>
> 　機械化が進み、作業が効率的になり、作業のスピードも速くなった。
> しかし、機械化が進む一方で、人の注意や意識が置き去りになり、ミス
> も増え、災害・事故につながるケースが増えている。
> 　更に、人的ミスを機械がバックアップしている社会が拡大している。
> 例えば、銀行のATMで出金する時、現金を取ることがまず優先される。
> その場合、通帳とカードを取り忘れそうになるが、ATMからの警報音で、
> 取り忘れに気付く仕掛けがある。
> 　また、機械化で高齢者でも簡単に預金を引き出すことができるように
> なり、暗証番号さえ分かれば誰でも預金を引き出すことができる。その
> 容易さが"オレオレ詐欺"を生んでいるとも言える。
> 　"人の能力"と"機械化"のバランスの終着点は見えないが、常に頭
> の片隅に入れておき、機械化で新たに生まれる問題の未然防止策を講じ
> る必要がある。

（6）注意表示　VS　本質安全対策の放置

　注意表示は、災害防止には重要であり、しっかりやらないといけない
が……注意表示をすることで、本来すべき本質安全対策を放置してはい
けない。

【事例　廊下に段差があり、つまずく災害が発生】

> **対策**　"段差あり、足元注意！"の注意表示をする。

段差を無くす本質的な安全対策には費用が掛かるので放置される。

（7）厳しい減点主義　VS　安全意識の低下

　2005年に発生した福知山線脱線事故は、多くの犠牲者を出した重大事故である。この事故の背景には"定時性と安全意識のトレードオフ"があったと言われている。定時性とは、到着や出発時刻を正確に守ることである。

　当時、到着や出発時刻を守らないと懲戒などの処分が与えられた。つまり、「根性が足りないから時刻を守れない」との根性論の発想であり、厳しい懲戒を科す減点主義であった。事故当時、電車の運転士は懲戒を恐れ、遅れていた電車の時刻だけを気にしてスピードを出し過ぎたことが要因とされている。

　これを教訓として、ＪＲ西日本は、シミュレーターによる実践的な教育・訓練と重大事故に至らない乗務員による人為的ミスについては、責任を問わない制度を導入している。

（8）建前活動　VS　働き方改革の停滞

　建前活動とは、規定に従った作業をせず、外部監査などの時だけ規定に記載されている書類を準備するような行為をいう。つまり、見せかけのエビデンス作りである。

　建前活動は、その場しのぎの対応であり、作業時間の浪費を生み、働き方改革の停滞要因になりかねない。手抜きとなる真因（規定の複雑さ、多さなど）を見極め、改善が必要である。（「第7章　仕組みとチェックシートに頼り過ぎは危険！」を参照）

35−2　二項対立の思考法

（1）見方が変われば答えも変わる

表と裏。真逆の見方をすること。見方が変われば答えも変わる。

「敵は、こちらから見れば悪であり、敵から見れば、こちらが悪である」これは「自分・相手」の二項対立である。

　同じように売り手は買い手の立場で考える。経営者は従業員の思いを想像する。相手の立場になることで課題が見え、改善案が思い浮かぶ。

【二項対立「自分・相手」の思考法による改善事例】

> 冷凍食品（天然エビ）生産ラインで自律性を高めた究極的な働き方改革
> 2021年2月4日「NHK 所さん！大変ですよ」で紹介された事例

【課題】　従業員は社員3名、パート19名の会社。子育て中のパート社員が従業員の主体で、辞める人が多く改善が必要であった。

【改善】　<u>工場長が従業員の立場で考える（「自分・相手」の二項対立）</u>ことで、対策のアイデアが浮かび改善に着手した。
　　　　　8：40−17：30間なら出社、退社時間を自由にし、出勤・欠勤も自由で連絡も不要にした。連絡したらルール違反となる。
　　　　　連絡を不要にすることで連絡をしないことへの罪悪感がなくなった。（子育て中は連絡するのも大変）
　　　　　工場長が目指した職場は、従業員が居心地よく働くことができる場所である。

【効果】　パート従業員は、主婦が主体であり、家事育児の時間調整が必要な人が多いため、それぞれの都合に合わせた仕事ができるようになり、辞める人が激減した。仕事の品質もよくなり、売上のアップにつながった。更に求人をSNSにアップすると、申し込みが殺到するようになった。

「自分・相手」以外にも、「賛成・反対」「事実・意見」「必須・任意」「理想・現実」「定量・定性」「絶対・相対」「原則・例外」「禁止・許容」など、様々な二項対立がある。

　人は、自分の考えが正しいか否かを考える時、どうしても自分の考えが正しい証拠ばかりを集め、誤りである証拠を無視する傾向が強い。**“確証バイアス”**と呼ばれる。その為、できそうにないと思うと確証バイアスが働くため、できない理由は簡単に集まる。

　視点を変えると全く真逆の結論が出ることはあるが、客観的に事象を捉えることや相手の立場になって考えることは難しい。このような時、二項対立を意識することで、客観的な物の見方が可能となる。

　その結果、意見交換する相手の主張を理解した上で、意見の違い（対立軸）を明確にして自分の主張を伝えることができるようになり、建設的な意見交換が可能となる。

（2）トレードオフの洗い出しに役立つ二項対立

　“外部委託をした時”“標準化や機械化を推進する時”“作業改善をする時”など、どんなトレードオフがあるのかしっかり洗い出す必要がある。洗い出しが不十分だと、実行した施策が新たな問題発生の要因になりかねない。そのトレードオフの洗い出しに二項対立の思考法が役立つ。

35−3　トレードオフの対策は AND 思考で！

　作業改善や新規の事業戦略を検討し実行する場合、「 35−1 　トレードオフに注意」で解説した様々なトレードオフを誘発することがある。

　トレードオフの対策は、AND 思考で検討する必要がある。AND 思考は、相反する二項に対して、win−win を実現する思考法である。

　代表的なトレードオフ事例を AND 思考で対策を考えてみる。

> **【代表的なトレードオフ事例】**
> ① コスト削減　　　　VS　　安全・品質意識の低下
> ② 自動化・電子化　　VS　　技術・技能の低下
> ③ 過大な目標　　　　VS　　逸脱行為（データ改ざんなど）

■ AND 思考による対策検討

① コスト削減だけを強力に推進すると、作業者の負担増（ムリ）となり、安全・品質意識が低下する。このトレードオフを回避するため、<u>ムリ取りを同時に検討し、実行する。</u>

② 自動化、電子化への設備投資をする場合は、<u>低下する技術・技能を洗い出し、人材育成を同時に検討し、実行する。</u>

③ 過大な目標は、逸脱行為の要因になる。適切なコミュニケーションの環境作りや「 **22-1** 適切な目標設定（2）目標設定チェックのフレームワーク SMART」で確認することが、逸脱行為の防止となる。

　管理者として現在の職位が期間限定と分かっていると、目先のコスト削減（利益優先）になりがちである。トレードオフで発生する意識や能力低下は、時間を追って少しずつ悪影響が出る場合もあり、目先のメリットだけを見ていると、その影響を見落としてしまう。

　現場改善、自動化などの設備投資は、積極的に取り組まなければいけないが、その施策によるマイナスの影響を見落としては元も子もない。施策の計画時点で二項対立、システム思考により、安全・品質意識の低下や技術・技能低下などへの影響を全て洗い出し、未然防止策を AND 思考で検討、計画、実行をすることが重要である。

36 多重チェックの問題点を考える

36−1　不具合対策として安易にチェック回数を増やしても効果がない

　多重チェックの方法として、テストの採点や資料チェックなど一人ひとりが順番（直列）にチェックする形態と、会議形式で複数のメンバーで同時（並行）にチェックする形態がある。会議形式の課題と対策については、次の「**37** チーム思考」で解説する。

■ “封書の宛名書き” の間違いを捜す実験結果（＊17）
　多重チェックの回数を変えることで、エラー発見率がどのように変化するかを確認した実験結果の一事例 “封書の宛名書きミス発見実験” を紹介する。

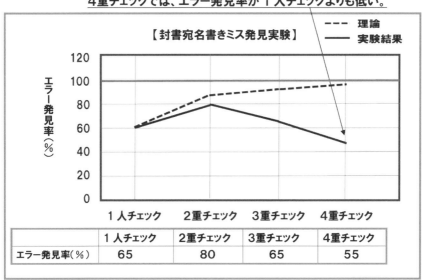

	1人チェック	2重チェック	3重チェック	4重チェック
エラー発見率(%)	65	80	65	55

チェックの回数が３重、４重と増えれば、理論的にはエラー発見率は上昇するはずであるが、実験では３重チェックからエラー発見率が大幅に下がり、４重チェックのエラー発見率は55%と、一人チェックのエラーの発見率65%よりも低下している。この実験結果は、チェック回数を増やしても（多重にする）、理論通りにエラー発見率は上がらないことを示している。

　チェック対象を変えた同様の実験でも、エラー発見率（%）の数値自体は変わるが、いずれの場合も、３重、４重チェックのエラー発見率は下がっている。

36－2　多重チェックのエラー発見率低下の原因となる法則と理論

　多重チェックのエラー発見率低下に関係する幾つかの理論・法則がある。

① 無意識に他のメンバーに頼ってしまう現象 **"リンゲルマン効果"**
② ネガティブなメンバーがいると足を引っ張る **"御神輿組織理論"**
③ 上司、部下など権威の差がある時に働く **"権威勾配"**
④ 自分の能力を過信している人が陥る **"金槌の法則"**

　チェックするメンバー構成によって、①〜④の理論・法則が複雑に関係する。

（1）リンゲルマン効果（別名、社会的手抜き）

　19世紀末のフランスで、農学者マクシミリアン・リンゲルマンが、農業で行う「綱引き」「荷車を引く」「石臼を回す」といった作業を、一人および複数人の作業者で実験を行った結果、次のようになった。

> **実験の結果**
>
> 　一人で作業している時の力を"100"とすると……
> 　二人の共同作業では、一人当たりの力が"93"に低下。

三人の共同作業では、一人当たりの力が"85"に低下。

そして、八人の共同作業では、一人当たりの力が"49"まで低下した。

　人数が増え、集団になればなるほど、他の人が何とかしてくれるだろう！という手抜きの心理が無意識のうちに働くため、共同作業だと一人当たりの力が低下する心理現象が起こる。この心理現象が、多重チェックでエラー発見率が下がる一つの理由となる。要因が手抜きであることから、別名"社会的手抜き"とも呼ばれている。

【多重チェックによる不具合　～リンゲルマン効果によるエラー発見率の低下事例】

2014年　東京都教育委員会の発表　都立高校の入試で採点ミス

～気の緩み

採点ミスは、3年間で3000件を超え、正解を誤りにするなど単純ミスが8割。

一人が採点し三人が再点検をしていた。4重チェックである。

採点ミスの原因	・別の人も見ているから大丈夫だと思った。（手抜きの心理） ・生徒の将来に関わる重大な事との認識不足。

東京都教育委員会は、以下の対策を発表した。

　◇マークシート方式を導入する。

　◇採点誤りを起こしにくい仕組みをつくる。

　◇採点・点検方法を抜本的に見直す。

　◇採点・点検に対する意識を高める。

（2）御神輿組織理論 ･･･ カーネギーメロン大学　金出教授が提唱

御神輿をみんなで担いでいると……

> ＊ 時々、自分が力を出さなくても、御神輿は倒れないことに気付く。
> ＊ ずっと自分が力を出さなくても、まだ倒れない。
> ＊ ぶら下がる奴まで出てくるが、倒れない。
> ＊ やがて限界に達して、御神輿は倒れる。

　人間の組織はこうなりやすい。崩壊経路をふさいでいない組織は、危険で短命である。手抜きがあっても、大きなマイナスにはなりにくいが、検討メンバーの構成要員によっては、御神輿が倒れるような大きなマイナスとなり、最悪の事態を招く。

> ＊ 言いたい放題！　相手の意見を聞かない。
> ＊ 反対・反論のみで、建設的な意見がない。
> ＊ 説明がへた。意見がみんなに理解できない。
> 　そして、意見が屁理屈と思われる。

（3）権威勾配 ･･･ 権威勾配とは、権威の高低差

　権威勾配は "先輩と後輩" "上司と部下" "先生と生徒" "積極的な人と消極的な人" など様々な形で存在する。この権威勾配を正しくコントロールできるか否かで、チェックによるエラー発見率が異なる。

権威勾配	メリット	デメリット
"急"	緊急事態に有効。	服従状態になり、意見が出せない。
"ゆるやか"	意見が出しやすい。	意見がまとまらない危険がある。

権威勾配がコントロールできずに発生した飛行機事故がある。

【事例　1977年、史上最悪のテネリフェ空港地上衝突事故】

　権威勾配が注目された事故として有名である。

　機長が滑走路に侵入しようとしたとき、機関士が別の便が滑走路に既にいる懸念を機長に伝えた。しかし、機長は大丈夫と言い、滑走路に侵入、その結果、機長の勘違いを修正できないまま濃霧の中、別の飛行機と衝突事故を起こした。

　事故後に録音を分析して、機長と機関士間の権威勾配が急になっていることが問題の要因の一つとされた。権威勾配が"急"つまり、上司の指示が絶対で部下が反論できない状態になると、多重チェックの機能は働かず事故が発生する。

（4）金槌の法則 (＊18)･･･G・M・ワインバーグが提唱した法則

クリスマスプレゼントに金槌をもらった子供は、何でもたたきたがる。

　人間は自分の知っている知識と経験を、妥当性に関係なくあてはめたがる。この法則を**"金槌の法則"**という。

　自分の能力を過信していると、偏った見方、考え方を相手に押し付け、相手の意見を無視してしまう。技術・技能を過信している熟練者が陥りやすい心理現象である。

【事例　要因が重なり合い様々な見方が出来る事象の場合】

要因A	要因B
要因C	要因D
要因E	要因F

自分の知識で分かる要因は"B"のみ。
要因は"B"と決めつける。
別な人が要因"F"もある、と言っても
自分の知識にない"F"は無視する。

（1）リンゲルマン効果への対策

　次のグラフは、多重チェックのメンバーがチェックの視点を変えた実験結果の一事例である。

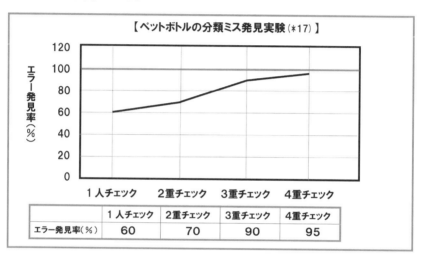

【ペットボトルの分類ミス発見実験(＊17)】

	1人チェック	2重チェック	3重チェック	4重チェック
エラー発見率(％)	60	70	90	95

　この実験結果は、チェックメンバーが<u>各々チェックする視点を変えることで、エラー発見率が上がり、多重チェックの効果も上がることを示している。</u>但し、チェックする視点を変える場合には、俯瞰思考によるチェックが重要である。

■視点を変えた多重チェックには俯瞰思考（ふかんしこう）が必要

┌─ 六人の盲人と象（＊13）

　ある日、六人の盲人が象を触って、その正体を突き止めようとした。
　一人目　象の鼻に触り、「象とは蛇のようなものだ」と言った。
　二人目　象の耳に触り、「象とはうちわのようなものだ」と言った。

> 　三人目　象の足に触り、「象とは木の幹のようなものだ」と言った。
> 　四人目　象の胴体に触り、「象とは壁のようなものだ」と言った。
> 　五人目　象のしっぽに触り、「象とはロープのようなものだ」と
> 　　　　　言った。
> 　六人目　象の牙に触り、「象とは槍（やり）のようなものだ」と
> 　　　　　言った。
> 　それから六人の盲人たちは、長いこと大きな声で言い争い、それ
> ぞれが自分の意見をゆずらなかった。

　<u>様々な視点を持つことは重要であるが、部分の総和が必ずしも全体に
はならない。</u>
　<u>全体を把握する上で俯瞰思考が重要となる。</u>
　「鳥の目、虫の目、魚の目」という言葉があるが、俯瞰思考とは、"鳥
の目"で物事を見極めることである。

> 　"鳥の目"とは、高い位置から全体を見回して見ること。
> 　"虫の目"とは、近づいて地面のような低い位置から見ること。
> 　"魚の目"とは、潮の流れや干潮満潮という流れを見失うな、とい
> う意味。

■仕事での責任分担と俯瞰思考

> グループ長が部下に対して、作業リーダーも決めず、また作業分担
> を明確にせず〇〇の仕事をグループ全員でやるように指示した場合

　この指示では、各々の作業分担が不明確なため、リンゲルマン効果が
働き「誰かがやるだろう」との気持ちから100パーセントの力を発揮
できない環境を作ってしまう。
　このような場合、上司は作業リーダーを決め、「Ａさんは□□の担当」

「Bさんは△△の担当」と、一人ひとりの作業分担を明確にする。大切なのは「一人ひとりがしっかりやらなければ仕事は終わらない！」という作業環境を作ることである。また、仕事の隙間ができないように相互にオーバーラップ（俯瞰思考）することも重要となる。

教訓

リーダーは、様々な視点を保有しているメンバーの選定を心掛ける

無意識でメンバーを選定すると、シミラー・アトラクション効果により選定した人と類似の視点を保有したメンバーを集めてしまう。結果としてリンゲルマン効果が働くことになる。リーダーは、様々な視点と俯瞰思考が重要であることを強く意識しなければいけない。（「 37-6 シミラー・アトラクション効果に注意」で解説）

（2）権威勾配への対策

権威勾配を適正にコントロールするための訓練として有名なのが、飛行機パイロット向けの **CRM**（Crew Resource Management）(*19)である。

機長と副操縦士がシミュレーターで飛行機を操縦して行う訓練で、様々な緊急事態が予告なしに現れ、それに対処する。航空会社でやり方が異なるようである。一つの事例を次に紹介する。

その対処状況をビデオで記録する。例えば

◆ 天候が悪化し、着陸予定の空港が閉鎖された。
◆ 燃料漏れが見つかった。
◆ エンジン火災発生。
◆ 客室内で急病人が出た。　　　　など

　訓練後、二人のパイロットと教官がビデオを見て、反省点を話し合う。重要なポイントは、二人の作業分担とコミュニケーションの要領である。そして、ビデオから様々な問題を抽出し、どうすればよかったのかを学ぶ。

　機長に圧倒的な権威があると、機長が間違っても修正ができない。逆に二人が対等な立場では、緊急事態に機長のリーダーシップが発揮されない。

　権威勾配を普段はゆるやかに、物事を決定する時は急な権威勾配に適切に切り替えることで、スムーズな連携が実現できる。会議でも厳しく権威のあるリーダーが参加すると、誰も意見を言わなくなる。このような場合、進行役は状況に応じて権威勾配を適切に切り替えることに注力する必要がある。

　CRM による訓練の狙いは、権威勾配のコントロールだけでなく、次のスキルアップも目的にしており、他の産業でも注目されている。

> ◇ コミュニケーションスキル　　◇ チーム作り
> ◇ 状況の正しい認識　　◇ 意思決定　　◇ ストレス管理

　緊急事態の時は別にして、通常の作業では意見が言えるように、権威勾配を "ゆるやか" にしておくことが重要となる。

　権威勾配が働く場合は、メンバー全員がもれなく意見が言えるように、進行役（ファシリテーター）がコントロール（会議をデザイン）する必要がある。つまり、チームでアイデアを出す時（チーム思考）は、チームメンバーの権威勾配を "ゆるやか" にし、アイデアを決定する時は "急" な権威勾配にする。状況に応じて適切に権威勾配をコントロールすることが、チーム思考の効果を高めるのに不可欠となる。

　御神輿組織理論や金槌の法則の影響を避けるには、メンバーの選定と会議の進行要領が重要であり、リーダーや進行役が鍵を握る。（「 37-8 会議での進行役の役割は重要」で解説）

37 チーム思考

　会議など複数メンバーで意見を出し合う場合、ファシリテーション（会議のデザインなど）が様々な書籍で紹介され注目されているが、ここでは良いアイデアを膨らませるのに役立つチーム思考に絞って解説する。

　縦割り組織では往々にして視野が狭くなる。一方で優れたリーダーが現れ、ことごとく難問を解決していくというのも現実的ではない。

　チーム思考は、変化が速い時代に適切に対応する方法として重要で、比較的少人数のチームで問題解決にあたり、組織全体の生産性や競争力をあげるのに役立つ思考法である。つまり、良いアイデアが業績を決める現在の事業推進に欠かせないのが、チーム思考である。

37-1　チーム思考は、アイデアの増幅回路

　チーム思考は、数名のチームで一つのテーマに対してアイデアを出し合うことで、よりよい解決策を創造する思考法であり、メンバーの潜在意識を活かすことができるアイデアの増幅回路である。

　アイデア出しの時に鉄壁な常識（べき・すべき）に頼ると、誰もが思いつくような陳腐なアイデアしか生まれない。つまり、常識にとらわれると、困難な課題解決へのアイデアは浮かばない。また、議論が優先する場合や現状維持の気持ちが強いと、アイデアは出てこない。

　小集団活動や QC 活動など、アイデアを出し改善を図る様々な活動があり、チームで解決策を考える方法がとられている。

　"三人寄れば文殊の知恵"　チーム思考のメリットを端的に表現した言葉である。

　自分のアイデアが相手のインスピレーションを誘発し、相手からの質

問やアイデアが刺激となって、自分のインスピレーションを誘発しアイデアが膨らんでいく。相互の言葉が刺激となり、ふとアイデアが思い浮かぶ、まさに潜在意識の活用である。

　潜在意識については、「**44** 潜在意識を活かす」を参照のこと。

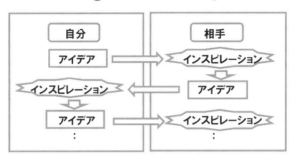

■対立する意見は、アイデアを育てる

　対立する意見を素直な気持ちで受け止めると、良いアイデアの種をすくすく育てる肥料になる。だから、対立する意見を無視するのではなく、よく聞き、理解することが重要となる。

　敢えて真逆の意見を考える方法もある。先に解説した「**35-2** 二項対立の思考法」である。

　チーム思考は、対話形式であり、話をしやすい環境を整えることで、潜在意識にある知識・経験の中から様々なアイデアが引き出される。但し、アイデアを出している最中に、アイデアに対して批判や議論をすると、アイデア増幅回路の動作が止まってしまう。

　アイデアの良し悪しの判断は、アイデアを出している最中ではなく、アイデア出しの後にしなければいけない。忘れてはならない重要なポイントである。

37-2　チーム思考は、切り口を変える発想にも役立つ

　一人の発想では切り口を変えるのは難しいが、視点の異なるメンバーによるチーム思考だと、切り口を変える（発想を変える）ことが意外と

早くできる。

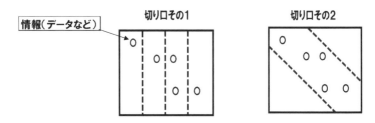

"切り口その1"だと情報（データなど）は分散するが、"切り口その2"だと全ての情報を基に考えた答え（対策など）が見つかる。

様々な問題が発生した時、それぞれの現象は異なるが、発想を切り替えると根っこ（真因）が一緒になっていることがある。従って、チーム思考は、なぜなぜ分析にも大いに役立つ。

37-3　チーム組織

チーム思考のチームとは、次に示すヒエラルキー組織（ピラミッド型）のような定型化された組織ではなく、問題の発生に応じて適宜集まる非定型的なチーム組織をいう。

非定型的なチーム組織は、ホラクラシー型組織ともいわれる。

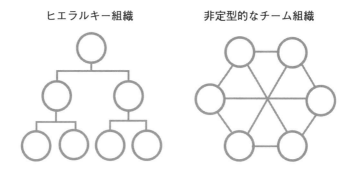

非定型的なチーム組織のリーダーは、メンバーの中から選出し、状況が変わればリーダーも変わる。リーダーが流動的に変わる柔軟な組織で

ある。柔軟な組織なので、様々な問題に対して臨機応変にアクションが
とれる。サッカーのようなチームプレーの競技で、状況ごとにリーダー
シップをとる選手が変わるのと同じである。

　ヒエラルキー組織は、トップダウンの組織となるため、決定した提案
を迅速に実行することが出来る。一方で、権威勾配やリンゲルマン効果
が働く可能性があり、リーダーの能力に成果が大きく依存する。

　非定型的なチーム組織は、権威勾配やリンゲルマン効果による手抜き
が発生しにくい組織になる。従って、多くの作業者の知恵が必要な現場
改善活動では、非定型的なチーム組織での取組が一般的になっている。

　但し、メンバー構成によっては、チーム思考が機能しないため、メン
バー構成が重要となる。

37－4　チーム思考のメンバー構成

　アイデアを出す時、だれと話をするかは重要な要素である。相手を選
ばないと折角のアイデアも意味なく批判され、やる気がなくなることも
ある。

「Garbage In, Garbage Out」〈訳〉ゴミを入れてもゴミが出るだけ。
　略して、GIGO（ギゴ）。この言葉の意味は

「**ない知恵や考え違いの知恵をいくら集めても、いい知見は見つから
　ない**」

チーム思考をより有効にするには、メンバーの選定は慎重にしなけれ
ばいけない。多重チェックや会議（設計審査など）で、事前にメンバー
の選定や会議の進め方を考えず実施すると、権威勾配やリンゲルマン効
果などが発生し、チーム思考の効果が減少する。ひどい場合は、時間の
浪費に終わる。

（1）多様な構成のメンバーがアイデアを生む

　新しい視点があると、"思い込みによるミス"の発見や"陳腐なアイデアのみで終わる思考"から抜け出すことができる。㉛で解説したNOT KNOWING 思考である。

┌─ **水槽の中のカマス**（＊13）─────────────────┐

　水槽の真ん中に透明なガラスの仕切りをつくり、一方に数匹のカマスを入れ、もう一方にカマスの餌になる小魚を入れた。カマスは餌を食べようとして突進するものの、ガラスの仕切りにぶつかってはね返される。何度も何度も繰り返すうちに、とうとう諦めてしまった。

　その後、透明なガラスの仕切りを取り除いても、カマスはけっして小魚のいる方へは行こうとしなかった。

　しばらくしてから新入りのカマスを水槽に入れた。すると、何も知らない新入りは、一直線に餌に向かって突進した。それを見ていた古株のカマスたちは「あの餌は食べられるんだ」ということに気付き、先を争って餌に向かって突進した。

└──────────────────────────────┘

　この寓話は、仕事が形骸化している組織を変えるには、異なる視点を持つ第三者が重要な役割を果たすことをいっている。

　チームのメンバーが多様な構成の場合、異なる視点、アプローチ、予想不能な概念などの結びつきで、奇抜なアイデアも生まれることが証明されている。

　多様というのは単に専門分野だけでなく、文化、民族、年齢、性別などの多様性を含んでいる。"多様さ＝アイデアの多さ"を説明する事例として「アメリカが他国の追随をゆるさないイノベーション王国であるのは、その人口構成の多様さのおかげだ」と多くの人が述べている。

（2）設計審査の効果はメンバーで決まる

　設計審査とは、設計内容をチェックする会議である。設計ミスを見つけ出し、よりよい設計を実現するには、設計審査でのチーム思考が重要な役割を果たす。

　但し、メンバーが設計者主体などに偏っていると審査の効果が出にくい。しかも、審査員に職位の高い上司、専門的な知識が高く自分の意見のみを述べるメンバーが参加すると、リンゲルマン効果、権威勾配、金槌の法則が働く。また、ネガティブな発想の人がいると御神輿組織理論までがチーム思考の妨げになる。

　リンゲルマン効果などのマイナス影響を排除するため、構成メンバーとして設計以外に工作、生産管理、開発・研究部門、営業、経理、資材などの様々な知識・技術・技能を保有し、相手の意見をよく聞き、前向きに考えるスペシャリスト参加が重要となる。

　もちろん設計審査だけでなく、複数でチェック、サインしているドキュメントや図面なども一人ひとりの"責任と役割の明確化"が重要となる。「何もチェックせず、サインをしている」、そんな状況が分かれば直ぐに改善が必要である！

　これまでの説明で分かるように、多様なメンバーからなるグループで取り組めば、創造性が著しく高まることは、ごく当り前のことに思えるが、現実にはこの方法は、驚くほど用いられていない。後述する"シミラー・アトラクション効果"が関係する。

37−5　チーム思考の要領で、アイデアが決まる

　知識と経験が豊富なメンバーが多くそろうことで増幅率が高くなる。チームで"刺激し合い""補い合う"ことで、良いアイデアが浮かぶのである。

アイデア出しで、議論・批判が増幅率をマイナスにすることに注意が必要。そのためには、会議を開いた最初に議論をする集まりなのか、アイデアを出す集まりなのか、<u>参加メンバー全員で会議の目的を共有しなければならない。</u>

チーム思考で成果を出すためには、リンゲルマン効果、御神輿組織理論、権威勾配、金槌の法則や「❺ 集団同調」によるマイナスの影響を排除しないと、アイデア出しに支障が出る。チーム思考でのアイデア出しが難しい理由である。

アイデア出しをスムーズに進めるには、「 36-3 多重チェックによるエラー発見率を上げる方法」と会議方式の一つであるブレーンストーミングの原則を加味して、次の点に配慮が必要である。

① チームメンバーは、基本的な情報、目的意識を必ず共有する。（知識の共有化）
　　知識の共有化が中途半端だと、ピントがぼけたアイデアになる。その結果、議論の種をまくことになる。更にアイデアは白板などを使い共有化することが重要である。
② アイデアは、質より量　（既成概念、常識を捨て、自由に発言する：発散する）
　　発言は、造語や専門用語をさけ、分かり易さを心掛ける。
③ ３セズ（批判セズ、議論セズ、くどくど説明セズ）
　　相手の発言を封殺するような言葉、フリーズワード（凍りつく言葉）や相手を無視する態度はさける。つまり、アイデアの増幅率を下げるような言動はやめる。
④ 相手のアイデアを尊重する気持ちで素直に聞き、アイデアを膨らませる。アイデアを膨らませるのに、次の思考法や発想法が役立つ。

「 45-1 四則演算の思考」「 45-2 SCAMPER」 マインドマップ

解説

マインドマップ：トニー・ブザンが提唱した発想法で、テーマ（改善事項など）を図の中心に置き、浮かんだイメージを放射状に書き留めていくことでアイデアを可視化し、発想を広げていく方法。

⑤ 様々な知識・経験を保有している人材を集める。

　５〜 10 人程度が適当な人数。人数が多いと意見がまとまらず（リンゲルマン効果）、少人数だと意見の多様化に欠ける。更に、メンバーは**"シミラー・アトラクション効果"**に注意して選出しなければならない。

教訓

本当の知恵者は、謙虚である。

　本当の知恵者であれば、様々な視点から複数の意見を吟味し、最適解を見つける。自分の考えが絶対だとは思っていない。
　第三者の意見がよいと思えば、ためらいなく採用する。
　第三者の意見が自分の意見に否定的でピント外れと感じても、冷静に聞く。

37-6　シミラー・アトラクション効果に注意

　人は同類同士で群れ、自分と考えが違う人は、仲間に入れない心理が働く。これを**"シミラー・アトラクション効果"**（似たもの同士がひかれあう）と呼ぶ。

　実験によれば、類似した考え方の比率が高くなればなるほど、その人にひかれる度合いも高くなることが証明されている。多様なメンバーで議論するのが難しい理由である。

　多くの人は、この**"シミラー・アトラクション効果"**に気付いていない。
　自分と異質の人間と一緒に働くような環境を探し求めなければ、創造

的なアイデアは出ず、イノベーションが起こることはない。

　しかし、「言うは易く行うは難し」である。嫌なタイプと一緒に仕事をすれば、言い合いなど悪い雰囲気になる可能性が高い。

　多様なメンバーをまとめる場合、リーダーや進行役の役割が重要であり、各々が自由に意見を述べ、真逆の意見でも公平に扱われるような環境作りが重要になる。

参考

「面接で長年の経験から人を見抜く力がある」と豪語している面接官

　話をスムーズにするために、面接する人も、される人も、お互いに共通点を探そうとする。共通点があればお互いによい印象を抱く。その結果、面接官は自分と似た候補者を採用するケースが多いことが、研究で分かっている。

　“シミラー・アトラクション効果”である。

　きちんと体系化されていない面接は、選考手段としては事実上無効である。

　人事採用者が自分と似た人を多く採用していないかチェックが必要であり、面接官も様々な視点を持つ、複数のメンバー構成が好ましい。

37－7　極端な意見に偏るリスキーシフトとコーシャスシフトに注意！

　1961年、J・A・ストーナーが提唱した社会心理学用語である。
リスキーシフトとは、グループの意志が、より過激な方向に向かうこと。
リスキーシフトにより、以下のような状況が起こる。

---

　① 他のグループに対する過激な攻撃や敵意に発展する。

　② リーダーへの絶対服従が起こり、反対意見は封殺される。

　③ メンバーは、より自分をアピールするために過激な意見を述べるようになる。

④ 「すべき」があって、「したい」がない。

　「神の国、大日本帝国は負けない」との思想の元に、泥沼化していった戦時中の日本の状況などは、国中がリスキーシフトした例である。また、過激派の内ゲバや、オウム真理教の事件など、リスキーシフトの結果といえる。

　逆に、グループの意志が何もしない現状維持的な方向に向かうことを、コーシャスシフトという。

　コーシャスシフトでは、次のような状況が起こる。

① できない言い訳や屁理屈ばかり言って、なにもしない。
② 新しいアイデアは採用されない。
③ 「まあいいじゃないか、これまでうまくやってきたんだから」という雰囲気になる。

　対策としては、グループ内のそれぞれのメンバーの多様性を認め、違いを尊重する姿勢が重要であり、意見の違いから新しいアイデアが生まれることが多い。そして、意見が違うからといって、人格まで批判しないことである。

　良いアイデアは正しく評価し、改革が必要なものは、果敢に刷新する。「 37-5 チーム思考の要領で、アイデアが決まる」で解説した配慮や進行役の役割が重要となる。

37-8　会議での進行役の役割は重要

　多様な意見を持った集まりでも職位の差（課長と担当者など）や経験差などにより権威勾配が発生する。メンバーに厳しい上司、先輩がいると、急な権威勾配になる。そして、メンバー構成によっては、リスキーシフトやコーシャスシフトも起こる。従って、会議の進行役（ファシリテーター）の役割は重要である。

急な権威勾配でも、参加者全員が建設的な意見を言いやすいような環境作り（会議のデザインなど）を心掛け、発想を広げる時に使うオープン・クエスチョン、会議の結論をまとめる時に使うクローズド・クエスチョン、この二つの質問を使い分ける。

　メンバー全員の意見を引き出し（発散）、意見をまとめる（収束）ことで、有効なチーム思考となり、良いアイデアがまとまる。

補足

オープン・クエスチョンの例
　　「これに関連してどのような案があるでしょうか」
クローズド・クエスチョンの例
　　「この担当は、○○さんでよいですか」

　また、会議で出た意見のポイントをまとめるのも進行役の重要な役目である。違った意見を持つ人も無視せず、強制的にならず、時間の許す限り理解を求める。

　もしかしたら違った意見の方が良いアイデアかもしれない。様々な視点の意見が出てくると、アイデアの増幅回路が働き、多くのアイデアが浮かぶ。従って、様々な意見は重要となる！

　会議の結論の良し悪しは、リーダーと様々な意見をまとめる会議の進行役で決まると言っても過言ではない。

第 **7** 章

仕組みと
チェックシートに
頼り過ぎは危険！

38 仕組み・チェックシートの課題

　仕組みとチェックシートは必要であり重要であるが、ミスが発生した時に真因の改善もせず「仕組みを守らないのが悪い。チェックしないのが悪い」と作業者を責めたり、対策として新規の仕組みやチェックシートを増やすことは、作業者のストレスが増えることを忘れてはいけない。安易に増やすことは、逆にミスの要因を作り込むことになり、危険である。

38－1　チェックシートに頼り過ぎると異常に気付きにくい

「存在しているものは、ないものよりずっと価値があるように感じられる」

　経済学者は、この心理現象を**"特徴肯定性効果"**(＊20) と呼んでいる。チェックシートを使って仕事をする人は、この効果に陥り易いと言われている。チェック項目を気にする一方で、項目に無い部分に異常があっても気付きにくい。つまり、作業環境が変わり、必要なチェックが発生したとしても、チェックシートの項目だけに注力した結果、直ぐに分かる異常でも見落しが発生する。その為、再発防止として確認することが当り前のチェック項目が増え、チェックシートの運用が形骸化する。チェックシートに頼り過ぎると異常に気付きにくくなる理由である。

38－2　仕組みと違反の追いかけっこ

> **老子道徳経　第五十七章　それ天下に忌諱多くして、民弥々貧し。民に利器多くして、国家滋々昏る。**

　世の中が規則や法律でがんじがらめになると、自由な生産が妨げられて民衆が貧しくなる。その民衆が生活を豊かにしようとするた

め便利な道具が多くなる。便利な道具が多くなると、その道具を使って悪事を働く者が出てくるため、国家が混乱する。その結果、更に規則や法律が増えるという悪循環に陥る（複雑な管理社会となる）。成長、発展する社会では必ず起こる現象といえる。

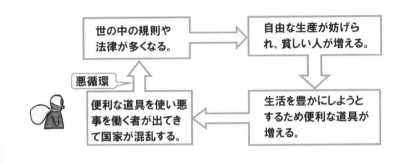

IoT が発達した現在の情報社会では、サイバー犯罪（ネットワークを使った犯罪など）と呼ばれている詐欺・脅迫などが増えている。また、会社では、丸秘の情報など様々な情報を電子データで管理する。そして、情報漏えいを防止するため暗号の高度化が進み、管理が厳しくなる。一方で、暗号を破る技術も発達し、更に高度な暗号化が必要となる。終わりのない繰り返し"いたちごっこ"である。つまり、技術の進化が違反と仕組みを増やし続けているのが実情である。

結果的に情報管理などのセキュリティビジネスが拡大し、管理も厳しくなり、覚えるべき規則・基準、倫理・遵法、知財権、著作権などが増え続け、複雑になっている。

その為に、製品の生産に直接寄与しなくても、倫理の遵守や遵法を監視する部門、情報管理を担当するセキュリティ部門の人材が増えているのが現状である。

38-3　仕組み・チェックシートと安全・品質意識のトレードオフ

> **【仕組みを無視した結果、発生した事故事例】**
>
> ### 2002年、豪華客船火災事故
>
> 　設備を取付ける工事（艤装工事）の最中に発生した火災事故である。
>
> 　溶接を行う場合は、火気作業届を提出した上で溶接箇所背面の可燃物を除去し、見張り員を配置してから溶接作業を行うことが仕組みとして決められていた。
>
> 　問題の溶接作業を実施したのは、入社30年以上の作業経験を持つベテラン作業員で、溶接に関する各種の技能講習や安全教育も受講していた。それでも仕組を無視し、火災事故を発生させている。

　事故後に実施したアンケートによると、「守るべきルール／マニュアルが多過ぎ、実情に合わない」という意見が多く見られた。必要性が低く、現場の実情から乖離した仕組みが増えたことで、決められた事を遵守しようとする意識が希薄になった事例と言える。

　守らなければいけないことが詳細に記載されている規定や設計基準などの基準類、保守・点検や工作で使われる作業手順書やチェックシートなど、様々な仕組みやチェックシートが職場の中にあり、業務を遂行する上で不可欠なものとなっている。

　しかし、不具合の対策として、本質的な改善をせず安易に仕組みやチェックシートに頼っていると、厳守しなければいけない事柄が多くなり、作業時間、作業者の負担が増加する。時間を掛けて作業ができるのであればよいが、一方で作業効率を上げる要求は常にあり、作業時間の短縮も進めなければならない。

　作業時間の増加、作業時間の短縮という二つの矛盾した要求があると、「㉟　至る所にあるトレードオフ」で解説したように、**"認知的不協和"**による手抜き（手抜きであっても効率的と思う）が生まれやすくなる。

　その結果、作業時間の短縮を優先し、「仕組みを守らない」「チェックシートは現場に行かず、現物を見ずに形式的にチェックを入れる」などの逸脱行為が発生する。安全・品質意識の低下である。

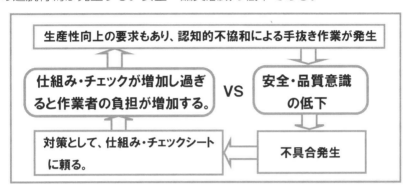

　仕組み・チェックシートは、災害・不具合が発生すると、再発を防ぐ為に分かり易い対策となるため、再発防止策として増えていく。一方で、一度作った仕組み・チェックシートは、陳腐化してもなかなか減らすことができないのが現状である。仕組み・チェックシートも道具である。使わなければ、ただの文字！　仕組みやチェックシートが着実に運用され、ミスの減少につながることを確認しなければいけない。

　仕組み・チェックシートを"薬"に、例えるなら

＊ 使い方を誤ると症状は改善しない。
＊ 下手をすると副作用がでる。
＊ 大切なのは体力、免疫力のアップである。

38－4　役立つ仕組み・チェックシートになっているか確認が必要

アメリカの家庭料理の逸話　「七面鳥の料理」(＊16)

　「七面鳥料理は、しっぽと頭をちょん切ってオーブンに入れなければいけない」とお母さんに教えられた娘は、疑問に感じて、その

理由を聞いた。お母さんの答えは、「お婆さんに教わったから」であった。そこで、お婆さんに聞きにいった。

　お婆さんからの答えは、「よく分からないが、七面鳥の中に詰めた野菜などのガスが抜けて美味しくなるのでは……」であった。「それは面白い。それは誰が考えたのか」と聞いたら、ひいお婆さんだという。

　ひいお婆さんにも聞きにいったら、こう言われた。「違うのよ。昔の我が家のオーブンが小さかったから、七面鳥をまるごとオーブンに入れるために頭としっぽを切る必要があったけど、オーブンが大きければ切る必要などないのよ」

笑い話である。だが、日常的に起こりうる可能性があり、笑うに笑えない。当り前になっている仕組み・チェックシートは、その必要性を調べ、守らないとどんな問題が起こるのかを理解しなければいけない。そして、常に現場や現物の実情に合った役立つ仕組み・チェックシートになっていることを確認する必要がある。

（1）要注意！　仕組み・チェックシートのチェック項目は簡単に増える

① 不具合対策として仕組み、チェック項目を必ず盛り込むため、定期的な見直しを実施していても作業中に確認すべきことが増える。その結果、煩雑さが増し、面倒に感じると、仕組みを無視する手抜きの原因になっている。

② 管理する側から見ると、仕組み、チェック項目は多い方が安心感がある。また、チェック項目を削減して、問題がないことを証明する事は難しく手間が掛かるため、一度制定すると削減が難しくなる。

> **補足**
>
> タブレット端末を導入して電子化を図り、チェックの効率化を進めてもチェック項目が多いため、効果が出にくい。

（2）仕組み・チェックシート厳守に頼り過ぎは災害・不具合の元

　仕組みやチェックシートが多いと、トレードオフで違反や安全・品質意識の低下になることを説明した。一方、仕組み・チェックシート運用の厳守をフォローし、守ることだけに気を取られると、作業環境の変化や新しい技術・技能や想定外の出来事への対応には脆弱な体質になり、災害・不具合の原因になる（先に説明した特徴肯定性効果である）。方針として仕組重視を掲げながら、古い仕組を放置している職場で起こり易い。

39 （対策）最適な仕組み・チェックシート運用の実現

39-1　本質的な改善を優先

「チェックもれを起こしたので、対策としてチェック項目を増やす」

　これでは本質的な改善にならず同じ問題を再発させる。やるべきことは、なぜなぜ分析で真因を把握し、本質的な改善を優先しなければいけない。「㉝ 良品条件アプローチへの取組」が役に立つ。

39-2　最適な仕組みとチェック項目の実現

　一般的に仕組みやチェック項目を決める立場（管理する側）で考えると、削減することで発生するトラブルのリスクを考えてしまう為、削減しにくい。頭だけで考えずに現場に出向き、実作業を見て（現物と現実）、仕組みやチェック項目の妥当性を吟味、評価し、効果を定期的に検証することが大切である。また、管理する側の勝手な考えや思い込みでだけでなく、作業者の意見を取り入れた内容でなければならない。

　そして、作業環境は、新製品の投入や現場改善などで設備も含め頻繁

に変わるので、常に実作業に合った最適な仕組みやチェック項目（必要最小限）になっているかを確認する必要がある。

「 32-2 変更にはミスが隠れている」で解説した“変更点管理”の充実が重要である。

39-3　チェック項目が多い場合、設計自体が悪いケースがある

構造が悪いために「作りにくい」「点検しにくい」など、作業者の負担がミスの原因になっている場合、チェックシートに頼らなくて済むように設計を改善する必要がある。

【設計が悪い事例】

> 表示器が見にくいため、数値の読み取りミス(もれ)が起こった。

> 対策として、数値の読み取りをチェックシートで行う。

出来の悪い設計に対して、設計審査の場で改善の意見が言える環境作りは重要である。（「 37-4 チーム思考のメンバー構成（2）設計審査の効果はメンバーで決まる」を参照）

39-4　仕組み・チェックシート運用の形骸化防止

（1）重要な動機付け

実行力に精神力はいらない。重要なのは動機付けである。

動機付けが重要な理由は、「第4章　働き方改革にモチベーション（やる気）アップは欠かせない」を参照のこと。

【事例　守らないルールも工夫をすれば守らせることができる】(＊13)

　イタリアのある化学プラントメーカーの事例である。この会社では、作業中に目の中に異物が入るのを防ぐために作業者全員にゴーグルの着用を義務付けていた。しかし、着用率は低い。現場リーダーがゴーグル着用を命令しても守らない。

　そこで、ゴーグル着用を厳守するための "動機付け" がどうしたらできるか、作業者全員で考えた。検討している中で、ある作業者から「かっこいいサングラス風のゴーグルなら、みんなが着用する」との意見が出た。早速、試験的にサングラス風のゴーグルを用意した。

　着用してもらうと、かっこいいサングラスを着用している気分になり、本人だけでなく周りからの評判もよく、ゴーグル着用を継続する動機付けとなった。その結果、全員が率先してゴーグルを着用するようになった。

　仕組みを守らない。チェックシートを正しく運用しない。その結果、どんな災害・不具合が起こるのか。<u>シミュレーターによる擬似体験や出来るだけ身近な災害・不具合事例を説明することで、誰でも災害・不具合を起こす可能性があることを理解させることが重要である。</u>その理解が仕組みを守り、チェックシートを正しく運用する強い動機付けになる。

（2）日常管理で徹底する　〜先輩語録の活用

　「 28-3 職場での日常管理　先輩語録10ヶ条」に "守るべき仕組み" を組み込み、「先輩語録10ヶ条」を合言葉のように繰り返すことで（単純接触効果）、仕組みを守ることが当り前になる職場作りをする。例：指差呼称が当り前になれば、ミスは減る。

40 チェックシートによるチェック要領と、そのメリット・デメリット

チェック要領	チェックマーク✓または、〇か×を記入する方式

"機械""工程""人"に分けたチェック項目毎にチェックマーク✓または、〇か×を記入する。

機械	No	チェック内容	点検結果
	1	点検範囲を確認済か	✓
	2	要領書は、本日付けのものか	✓
	:		

チェックの確実性　△

メリット	・多くのチェック項目を短時間で実施することができる。 ・チェック作業がしやすいため、一番多く使われる方法。
デメリット	・チェック項目が多いと、無意識にチェックすることがあり、チェックもれが発生する。（形骸化が問題）

チェック要領	測定した数値を記入する方式　（例）温度　□□　℃

確認した数量や計器などの数値を見て、その数値をチェックシートに記入する。

チェックの確実性　〇

メリット	・数値を記入することで、チェックもれを防ぐことができる。 ・「**33** 良品条件アプローチへの取組」で解説している"ものづくりのバラツキ"の把握に活用できる。
デメリット	・数値を記入するため、作業効率が悪い。 ・チェック項目が多い場合は、不向きである。 ・記入する数値のミスなどが発生する可能性がある。

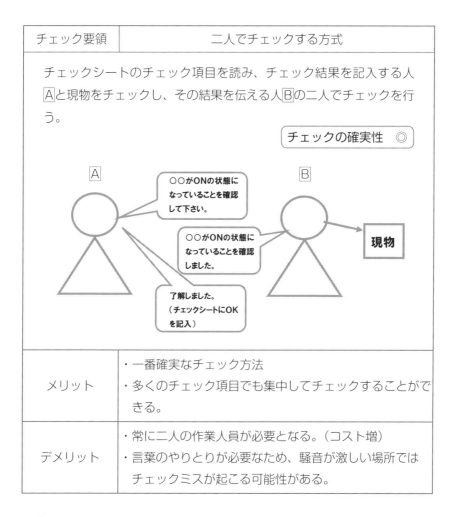

チェック要領	二人でチェックする方式

チェックシートのチェック項目を読み、チェック結果を記入する人Aと現物をチェックし、その結果を伝える人Bの二人でチェックを行う。

メリット	・一番確実なチェック方法 ・多くのチェック項目でも集中してチェックすることができる。
デメリット	・常に二人の作業人員が必要となる。（コスト増） ・言葉のやりとりが必要なため、騒音が激しい場所ではチェックミスが起こる可能性がある。

　各々のチェック要領には、メリット・デメリットがある。従って、チェックの重要度（品質レベル）、チェック時間（コスト）、チェックの難易度、作業環境などを考慮して（吟味・評価）、最適なチェック要領を決める必要がある。

　また、重要な作業では、「❿ 集中力は、明瞭な状態で」で解説したように、意識レベルを明確にするために指差呼称などを作業手順書や

チェックシートに盛り込むことが重要である。

　そして、作成したら現場で必ず試行して、実運用上問題がないことを確認し（検証）、チェックシート導入とチェック項目を最終決定しなければならない。

　決して一人で考え、机上で作成し、吟味・評価・検証もしていないチェックシートにならないよう注意が必要である。<u>安全・品質意識低下の元凶</u>になる。

第**8**章

難題の解決に役立つ
思考法と発想法

先取り（未然防止）の改善策や不具合発生時の再発防止策など、常にアイデアを出さなければ無事故・無災害・品質不具合ゼロを実現することはできない。

　バックワード思考、フォワード思考、システム思考、NOT KNOWING思考、二項対立、AND思考、俯瞰思考、チーム思考、マインドマップなどの思考法や発想法を既に説明しているが、それ以外にも様々な思考法と発想法がある。

　この章では、私自身が業務に役立つと思う思考法と発想法を解説する。

41 仕事の一流・二流・三流は、思考と発想の差

　経験を重ねると、発想がパターン化され、発想パターンを意志で変えることが難しくなる。それ故、いつも同じアイデアしか生まれない。

　特に過去の強烈な成功体験が "べき・すべき" のパターン化を生み出す。「**42** 成功の復讐」である。

　"べき・すべき" が多くなると、課題を解決しようとしても陳腐な対策になる。

【発想パターン化の事例　「鯛を見た時の連想」】

　料理人は、鯛料理のレシピを連想する。釣り人は、鯛が釣れる場所を連想する。

　難解な課題を解決する時や競争が激しい事業で生き残るには、奇抜なアイデアを生むクリエーション（創造）の発想法が必要となる。物の見方や概念が、過去の経験にとらわれずにアイデアを生み出す発想法として、水平思考（ラテラル・シンキング）がある。

> 心理学者　ディーン・キース・サイモントン曰く
> **「クリエイティブ・シンキングに必要なのは、これまでにない**
> **　組合せをつくる能力である」**

　一般的に人の発想は、経験を積むと共に最も簡単な道筋を通ろうとする。結果的に発想のパターン化が進み、ごく当り前の連想しかできなくなる。だから、経験に縛られず、発想がパターン化されていない子供のアイデアは豊かである。

　しかし、経験を積んだ大人でも発想が豊かな人がいる。発想が豊かな大人は、意識の大半を占める潜在意識を上手に使っている。潜在意識は、奇抜なアイデアを出すために強力な武器となる。

　偉大な人に共通しているのは、潜在意識に働きかけ、その力を解き放つ優れた能力を持っていることである。また、発想がパターン化されている人でも、新しいアイデアを生むためのクリエーションの発想法が、潜在意識に働きかけ、斬新な経営戦略立案や現場改善案を考える時に役立つ。

　但し、新しい発想でどんなに奇抜なアイデアでも、分かり易く説明ができないものは、上司、顧客、チームのメンバーなど、相手の理解と賛同を得ることが難しい。従って、新しい発想で生まれた提案を実行に移すためには、相手に理解してもらう説明をする必要があり、その説明に役立つのが論理的な思考方法である。

　論理的に分かり易く伝える思考法として、論理的思考法（ロジカル・シンキング）・批判的思考（クリティカル・シンキング）がある。

**　更に重要なのは、道徳や倫理を含んだ哲学的思考である。**(＊21)
　潜在意識を上手に使って生まれた奇抜なアイデアや、論理的な思考方法で考えた提案でも、道徳や倫理を軽視するような内容では、社会に貢献する企業としては不十分な提案である。

いかなる時も、道徳や倫理が何よりも優先することを忘れてはならない。

■仕事を進める上で、常識は大事であるが……しかし

　事業拡大の戦略を検討する時、その事業分野に関するセオリーを理解し、競合分析、市場調査による現状把握を基に、事業戦略案をまとめる。その案を、論理的思考や批判的思考により評価・検証し、展開する事業戦略にすることが一般的である。

　一方で、セオリーは競合他社も理解している。差別化戦略はセオリーのその先にある。そこで役立つのが、既成概念にとらわれない水平思考である。（代表的な水平思考については、「㊺ 水平思考」を参照のこと）

　不具合対策も「仕組みを作る」「チェックシートを作る」「注意書きをする」など、ワンパターンになりがちである。そのような改善でも小さな効果は見込めるが、抜本的な対策にはなりにくい。三流の仕事の仕方である。

　結果的に同じような不具合を繰り返し発生させている。そのような状況下では、新たな発想の対策（一流の仕事）が必要となる。

　つまり、仕事の一流・二流・三流は、思考法と発想法の使い方の差で決まると言える。

　私が考えた業務における一流・二流・三流の思考・発想・行動は、「㊻ 松竹梅の思考法」で解説する。

42 成功の復讐

■過去の成功体験にこだわり過ぎると、大きな成果が出にくい

> **トルコ民話　「ナスルディンの鍵」**(＊13)
>
> 　昔々、電気もない時代のある日、ナスルディンという男が、家の前で這いつくばって何かを探してる。その前を通りかかった友人はナスルディンに聞いた。
>
>
>
> 友人　　　　「一体何を探しているんだい？」
> ナスルディン「鍵だよ。鍵を探しているんだよ」
>
> 　そこで友人は、一緒になって鍵を探しはじめるが、なかなか見つからない。
>
> 友人　　　　「ところで、どこでその鍵をなくしたんだい？」
> ナスルディン「家の中さ」…… 疑問に思った友人は尋ねた。
> 友人　　　　「じゃあ何故、家の外で探しているんだい！？」
>
> 　ナスルディンは答えた。
>
> ナスルディン「家の中よりも家の外のほうが明るいから見つけやすいだろ？」

　理解に苦しむ話であるが、私たちも同じような事をしている。問題を解決しようとする時、"自分にとって明るい場所"つまり"自分の分かる範囲"で解決しようとする。

　例えば、現場の課題改善をする時、新規事業の種を探そうとする時、自分たちにとって明るいところ、すなわち、自分たちが知っている分野に限定し、アプローチしようとする。

　このようなアプローチから新しい奇抜な改善策が生まれることや、新

規事業が立ち上がる例は少ない。<u>新しいアイデアは、既存の論理や過去</u><u>の経験が当てはまらないような領域に眠っている</u>からである。

　アイデアを出す時、過去に成功体験があると、どうしてもそれが基になる。その成功が強烈であればあるほど……しかし

**　成功体験を基に考えたアイデアは、過去の成果を超える成果は望めない。**

　作業環境が激しく変化している時代、同じような課題でも原因が異なることが多い。原因が異なる課題なのに同じやり方（アイデア）では成果が出にくいのは当然である。

　一般的に過去の成功以上の成果を求めるため、<u>成果が小さいと無力感を感じる。</u>そして、成果が出ても過去の成果を下回るので満足感がない。その結果、活動が停滞することがよくある。"成功の復讐"である。

　金メダルをとったスポーツ選手が、年齢と共に体力も落ちているのに同じトレーニングを続けて、その後に成績不振に陥るのと同じである。その結果、無力感を生み出す。

**　過去の成功体験や過大な成果が、悪い影響を及ぼすことを忘れてはならない。**

　無力感を払拭するには、過去の活動とアイデアを参考にしても、同じやり方ではなく、課題に応じた発想の異なる新しい取り組みにチャレンジすることが重要となる。

　過去にこだわるバックワード思考でなく、未来を考えるフォワード思考で前進することを心掛けなければ、より大きな成果は手に入らない。しかし、当事者は過去にこだわっていることに気付きにくいので「❸１第三者の視点　NOT KNOWING 思考」が役に立つ。

43　常識にこだわらない発想

■優等生の"目的志向型"と常識に左右されない"好奇心主導型"

　2005年、ノーベル物理学賞を受賞したテオドール・W・ヘンシュ博士がよく使うスライドの一つに、ニワトリとヒヨコが描かれている絵がある。

　ニワトリとヒヨコが柵の中いる。柵の一方はオープンになっている。

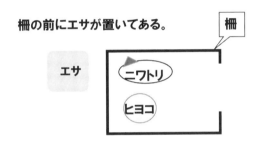

柵の前にエサが置いてある。

　ニワトリとヒヨコが目の前にあるエサを、どのように取りにいくか、それぞれの発想の違いが行動の違いに現れる。

　経験と知識が豊富で優等生なニワトリは、<u>わき目もふれずに目的に向かって一直線に進もうとする。</u>しかし、この場合、目の前に柵があるのでエサは取れない！

　優等生の場合、常識の範囲を逸脱することなく、ただひたすら目的を達成しようと直進するが目的は達成できない。<u>これが**"目的志向型"**の行動である。</u>

　"目的志向型" は、べき・すべきが強固な完全主義の考え方で、柔軟性がない思考の仕方である。

　一方、経験と知識が少なく気ままに動き回るヒヨコは、いつのまにかエサとは反対側の柵の切れ目から外に出ることができ、結果的にニワト

リより早くエサに近づく。

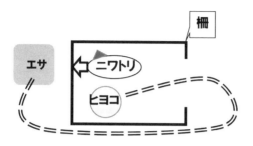

　柔軟性があり、常識に縛られない発想は難題の解決に役立つ。

　これが"好奇心主導型"の行動である。もちろん、柔軟さが重要といっても問題を解決するための目的意識は常に必要である。最初から目的意識がなく、やらされ感があったのではアイデアは出ない。

44　潜在意識を活かす

44−1　顕在意識と潜在意識（＊22）

　災害・不具合や不具合対策の様々な改善に、新しいアイデアは不可欠である。そして、そのアイデアの良し悪しは、潜在的に保有している膨大な知識と経験の活かし方で決まる。

　オーストリアの精神科医であるジークムント・フロイト（1856～1939）は、「人間の顕在意識は20％、潜在意識は80％で構成されている。つまり、潜在意識に驚くほど強力な力が備わっているので、その潜在意識を上手にコントロールすれば、はかりしれない力を発揮できる」と指摘した。

　ある実験によれば、普通の状態での握力が45.8キロだったものが、「あなたは弱いのだ」と催眠術をほどこして測ると、13.2キロになり、

「あなたは強いのだ」と暗示を与えて測ると、64.4キロになった。この実験でも分かるように、心の働きが如何に大きな影響を体に与えているのかが分かる。

（１）アイデアの基本「無から有は生まれない！」

　アイデアは既に保有している知識と経験から生まれる。良いアイデアを出すには、潜在意識にある知識と能力が重要な役割を果たす。
　潜在意識の知識と能力を増やすには、視覚情報が記憶に残り易いので、強い目的意識と３現主義（"現場"に足を運び、場を確認する。"現物"を見て、物を確認する。"現実"に目を向けて、事実を知る）に徹することが効果的である。
　また、イメージの方が優勢になるため、過去の経験から潜在意識に「どうせできないだろう」（メンタルブロック）や「面白くない」「面倒だ」との思いがインプットされていると、自然とやる気がでなくなる。「できる」「面白い」というイメージ（気持ち）が重要である。

（２）誰もが持っている膨大な潜在意識で課題を解決する方法

（其の一）　　「 37-1 チーム思考は、アイデアの増幅回路」
　　　　　　　チームメンバー相互の意見交換が刺激となって、ふとアイデアが浮かぶ。
（其の二）　　できるイメージを持つ。「 22-4 よいイメージは、成功の秘訣」
（其の三）　　課題を認識した後、しばらく放置する。
　課題を認識し放置すると、ふと良いアイデアがひらめく。それ故、悩んだ時に「一晩考えさせて」というのは理にかなった方法である。放置した状態でも、潜在意識は何とか課題を解決しようと働き続けているためである。

（3）潜在意識が表に出る瞬間

　課題を強く認識していると、リラックスしている時に、ふと解決策がひらめく。

　アイデアは、リラックスして脳の抑制を外せば、勝手にひらめく。誰かと雑談をしている時、お風呂に入っている時、起きる直前、そして、いつもの道を散歩している時にアイデアがひらめく。運動している時や座っている時よりも、散歩をしている時の方が、脳がリラックスしているためである。

■【哲学の道】

　京都の東山にある銀閣寺の近くに"哲学の道"と呼ばれる道がある。
　この"哲学の道"は、哲学者西田幾多郎がこの道を散策しながら思案を巡らせていたことから"哲学の道"と名付けられた。

　私にとって家から事務所まで歩く道が"哲学の道"である。少し小高い場所にあるその道からは、明石海峡大橋やきれいな街並み、そして、貯水池に優雅に泳いでいる鯉や水鳥などが心を癒してくれる。もちろん車は侵入禁止のエリアであり、危険が少なく、リラックスして歩くことができる。

　アイデアがひらめいたら直ぐに書きとめることが大切である。人は直ぐに忘れる。忘れない人はいない。だから豊かな発想を持つ人は、忘れないように常にメモを持ち歩いている。（「 4-5 展望的記憶」を参照）

目をなくしたカバ （＊13）

　一頭のカバが川を渡っている時に自分の片方の目をなくした。カバは必死になって目を探した。前を見たり、後ろを見たり、右側を

見たり、左側を見たり、体の下を見たりしたが、目は見つからない。

　川岸にいる鳥や動物たちは、「少し休んだほうがいい」と助言した。しかし、永遠に目を失うのではないかと恐れたカバは、休むことなく、一心不乱に目を探し続けた。それでもやはり目は見つからず、とうとうカバは疲れ果てて、その場に座りこんでしまった。

　カバが動き回るのをやめると、川は静寂をとり戻した。するとカバがかき回して濁らせていた水は、泥が沈み、底まで透き通って見えるようになった。こうして、カバはなくしてしまった自分の目を見つけることができた。

　何も考えずに、リラックスしてぼんやりしている時こそ、解決のアイデアが浮かんでくるという寓話である。

　課題を意識して放置した時に、課題に関連した情報が自然と集まることは、人間の心理作用 **"カクテルパーティー効果"** として提唱されている。

補足

カクテルパーティー効果

　1953 年、心理学者のコリン・チェリーが提唱。

　"カクテルパーティー効果" とは、多くの人が談笑しているパーティーのような場所でも雑音の中から "自分が関係していること" "自分が興味のある内容" を、きちんと聞き取れる心理現象のことをいう。

　カクテルパーティー効果は、脳の "選択的注意" によって生じ、これは聴覚だけでなく視覚などでも発生する。認知バイアスの一つ "注意バイアス" である。

　認知バイアスとは、「思考（物事の見方や認識の仕方など）の歪み」を意味し、記憶バイアス、解釈バイアスなど様々なバイアスがある。

44−2　アンケートで失敗　〜マーケティングに重要な潜在意識

■チョイス・ブラインドネス（＊23）

　スーパーマーケットで実施した実験がある。

　ジャムのサンプル試食会と称して、二つの容器にそれぞれ味の違う２種類のジャムを入れ、通りがかりの買い物客に試食してもらい、どちらが好きかを選んでもらった。そして、再度、選んだ方のジャムを試食してもらい、なぜ選んだ方が美味しいかを尋ねた。実は、再度試食してもらった時、顧客に分からないように中身がすり替えられ、最初に選んだジャムとは違う方のジャムを試食させていた。

　しかし、それに気付いた人は全体の３割以下で、残りの人はすり替えられて異なる味のジャムを試食しているのに、好きな理由を述べている。相当味の異なる２種類のジャムで実験した時でも、すり替えに気付いた人は半分以下であった。

　これは脳科学や心理学の分野で"チョイス・ブラインドネス実験"といわれるもので、人の好みが後付けで行われることを示している。また、この実験は、購買後のアンケート調査が如何に難しいのかを示唆している。

　アンケートで得られる購買動機が必ずしも事実と同じとは限らないということである。アンケート調査は、主観評価であり、被試験者本人がその場でどう感じているのかを考えて記述・口述する方法のため、購買時に無意識の状態で選ぶ反応とは異なる可能性がある。

　経済学者　ピーター・ドラッカー曰く

　「マーケティングの理想は、販売を不要にすることである。マーケティングが目指すものは、顧客を理解し、製品とサービスを顧客に合わせ、おのずから売れるようにすることである」

　この言葉を、萩原一平氏は、著書『脳科学がビジネスを変える』の中で、次のように解釈している。

「マーケティングが目指すものは、顧客の脳、とりわけ情動系の仕組みを理解し、顧客に快情動を起こさせる。もしくは不快情動を取り除くように製品とサービスを組み合せ、おのずから売れるようにすることである」

そもそも顧客は、自分の欲しいものを知らないのではないか。情動的に買うものを決めていないか。インタビューで聞いても無意識の状態を言葉にすることは難しい。

アンケート以外に顧客のニーズを把握する方法として行動観察調査がある。その要領は、日常的な行動を客観的に観察し、その結果を定性的に評価する方法である。例えば、店頭における顧客の行動を観察し、顧客がどこに視線を向け、どのくらいの時間見ていたか、手に触れたものは何か、どういう順路でどのくらい時間を掛けて店内を歩き回ったかなどを、調査員が直接現場で観察するかビデオ撮影をする。もちろん顧客に気付かれてはいけない。

この行動観察の結果を解析するには、人は、一般的にどういう時に、どういう行動をとるか、商品に関心がある時と、ない時の動きの違い、わずかな表情の違いなどを理解していなければならず、豊富な経験が求められる。また、解析結果は解析者の主観であり、主観の対象者が解析者になっているだけで、アンケートと同じように課題は残る。

これらの課題を解決し、マーケティングで成果を出している会社がある。

世界中のメディアと SNS から展開したいビジネスに関するキーワードを集計、ＡＩシステムで分析し、今後のトレンドになる要素を予測する方法である。ネット上の評判やつぶやきは、潜在意識から発信される情報が主体となっているため、的確なマーケティングができるのだと考えられる。

IoT を使った手段なので、工場を持つ必要がなく（ファブレス）、データとアイデアだけで勝負している会社である。

45 水平思考（ラテラル・シンキング）

様々な水平思考があるが、ビジネスに役立つ実践的な思考法や発想法を紹介する。

45-1 四則演算の思考

実業家ジェームズ・ウェブ・ヤングは著書の中で

「アイデアとは、既存の要素の新しい組合せ以外の何物でもない」

と述べている。

どんなアイデアも経験と知識の組合せであり、言い方を変えれば"アイデアは四則演算"である。

【足し算の事例　ネット通販業者と宅配牛乳業者の連携】

　新鮮な有機野菜などをインターネットで販売している会社がある。ネット通販の最大の課題は、パソコンが苦手という高齢者の客層が取り込みにくいことである。そこでネット通販会社は、高齢者と頻繁に接触する宅配牛乳業者に目を付けた。

・高齢者のニーズがある商品力をもっているのに客層が広がらないネット通販会社

・高齢者の顧客が宅配のインフラになっているが、売上が上がらず新たな収益源を模索している宅配牛乳業者

　その2社が連携した結果、お互いに商品とインフラを融通し合うことで、新たな顧客とサービスが開拓でき、win-win の状態となった。

足し算の事例は多く、電車＋ミステリーツアー、コインランドリー＋美容院などの組合せによる新しい形態のビジネスが生まれている。

【引き算の事例　ヘアカット専門店】

　ヘアカットのみに特化した低価格の床屋さん。"ひげをそる""洗髪する"という床屋さんの常識をなくして、早く安くカットできる専門店として拡大している。

　室外機の設置工事を無くしたエアコン、液晶画面がないカメラなど引き算でヒットしている製品があり、引き算ビジネスとしてメディアでも紹介されている。

　ラーメン横丁、道具屋筋など同じ業態の店が 10 軒、20 軒と集まって知名度を上げる方法は、掛け算のアイデアと言える。また、分割払い、シェアハウス、シェアオフィスなど割り算を使った事業もよく見かける。

　多くの事例が示すようにアイデアが出にくい人は、敢えて四則演算で考えることによって、新しいアイデアを見出すことができる。

45－2　べき、すべきが強い人に役立つツール"SCAMPER（スキャンパー）"

　創造性開発研究家ボブ・エバールが、フレームワークである"オズボーンのチェックリスト"を改良したもの。"SCAMPER"の視点でアイデアを出すことで、新しい商品やサービスなどを見つけ出すことができる。水平思考の代表的なツールである。

【事例　新商品の皿を考える】

Substitute（代える）	食べられる材料で皿を作り、料理の最後のデザートにする。
Combine（組み合わせる）	皿に時計を組み込む。皿と箸置きを組み合せる。
Adapt（適応させる）	電子レンジ対応だけでなく、ガスにも対応し、鍋にもなる皿。

Modify（修正する）	５分割に分けられる星形の皿で、分割して小皿としても使える。
Put to other uses （ほかの使い道）	素人でも簡単に演芸の皿回しができる皿。軽くて丈夫で、落としても割れない。
Eliminate（削減）	様々な形に変化する皿にすることで、用途が増え、皿の枚数が削減できる。
Reverse・Rearrange （逆転・再編成）	皿の裏が、計量カップとして使える皿。

45-3　逆転の発想だけでも斬新なアイデアが浮かぶ

【逆転の発想事例　「斬新なレストランのアイデア」】

思い込み		逆転の発想		アイデア
レストランにはメニューがある。	➡	レストランにはメニューがない。	➡	その日に手に入った食材を顧客に知らせて、顧客が食材を選び料理する。
レストランの飲食は有料である。	➡	レストランの飲食を無料にする。	➡	飲食が無料のラウンジ。場所の使用料をとり、低価格の飲食を提供する。
レストランは食べ物を出す。	➡	食べ物を出さない。	➡	調理器具や食器を揃えた場所を有料で提供、お客様が自ら食材を持ち込んで料理し、食事を楽しむ。

246

46 「松竹梅」の思考法

　思考・行動の良し悪しを考える場合や経営方針・不具合対策などを検討する場合、二項だと「できる・できない」「する・しない」と両極端になるが、"松竹梅"の三項にすると方向性を決める上で、より分かり易い分け方が可能となる。

■私が考えた業務における "思考・発想・行動の松竹梅"

出来事	松（一流）	竹（二流）	梅（三流）
重大な問題に直面	３現主義（現場・現物・現実）で情報を収集し、真因の把握に努め対策する。同じ問題が再発しない。	聞いた情報から直感で原因を決め対策する。同じ問題が再発するリスクがある。	問題を起こした人を原因にし、厳しく叱責する（根性論）。同じ問題が再発する。
	平常心で積極的に真因を考える。ピンチをチャンスに変える。	積極的な対応はしない。指示されて動く。ピンチがピンチで終る。	パニックになり、騒ぎ立て、何も考えず、ピンチが拡大する。
	第三者の意見に耳を傾け、客観的に物事を捉えて考える。	第三者の意見に耳を傾けるが、自分の意見を優先する。	第三者の意見を聴き流す。自分勝手な言動に終始する。
目標設定	努力すればできる行動目標（挑戦空間）の設定をして自らチャレンジする。	現状の能力で達成可能な定量目標（快適空間）を設定する。目標達成にチャレンジが不要なため自らチャレンジはしない。第三者に言われたらチャレンジする。	定性目標のみ。または、達成が困難な結果目標（混乱空間）を設定する。実現困難な夢を描くが、夢が夢で終わる。その結果、無気力になる。
	分かり易い定量目標と定性目標の設定をする。		
	短期の目標を優先するが、中長期の視点をもつ。	短期の目標（目先）にだけこだわり、中長期の視点がない。	目標設定がない。成り行きに任せる。

仕事の成果が出ない	「うまくいかなったことを学んだ」と考え、直ぐに成果が出ない真因を把握し、改善策を考え実行する。成果が出るまであきらめない。	思い付いた原因で、対策を検討し実行するので成果が乏しい。また は、失敗を怖れ慎重になり過ぎ、対策の実行が遅くなる。	直ぐにあきらめ、何も実行しない。または、責任転嫁や理解できない言い訳に終始し、最後に改善策の検討を放り出す。
実行力行動力	自ら考え、率先垂範して行動する。	言われたことだけをする。	言うだけ、自らは行動しない。
	誰もが理解でき、やる気が出る計画を立案。直ぐに動く。失敗しても動きながら修正する。	計画のパターンが決まっている。定型作業になり、大きな失敗は少ないが、一度失敗すると動き出すのに時間が掛かる。	満点を目指すアプローチに固執し、いつまでも動かない。または、計画が誰も理解できず組織力が発揮できない。
説明説得	結論を先に言う。説明が論理的で分かりやすい。	理由・いきさつを先に言う。話が長く、結論が分かり難い。	ごまかそうと論点が外れた話をする。結論がない。
	事実と意見を区別して話す。	事実と意見の区別が不明確。	事実はいい加減で意見もない。
	相手の意見をよく聞いてから自分の意見をいう。	相手の意見に関係なく自分の意見だけを主張する。	相手の意見を聞き流し自分の意見も言わない。
思考法発想法	水平思考でアイデアを出し、論理的思考・批判的思考・哲学的思考で提案をまとめる。大きな成果を生みやすい。	成功体験を元にアイデアを出し、論理的思考により提案をまとめる。小さな成果は期待できる。	思い付き（ヒューリスティックス）のアイデアを提案としてまとめる。成果につながりにくい。

　自分の弱点だと思っている事に対して、自分なりの“思考・行動の松竹梅”を考えると潜在意識に残り、自然と一流の思考・行動が身に付くはず。試して下さい！

第 9 章

本書で紹介した
心理学・脳科学・品質管理用語
および
思考法と発想法

ポイントのみ解説するので、詳細は本文を参照のこと。

認知・行動メカニズム	五感で知覚（入力）してから行動（出力）するまでのメカニズム。
プライミング効果	先に行った処理が、次の処理に影響を与えること。
文脈効果	周囲の環境によって意味合いなどが変化すること。
ゲシュタルト崩壊	多くの文字を無意識で見続けていると、文字全体の構造を見失う人の特性。
心理的財布	日用品、趣味など、対象によって感じる価値（支払う金額）が異なること。
ヒューリスティックス	経験を基に直感で素早く回答に到達すること。
努力の正当化	時間と労力を費やした事ほど価値を感じる心理現象。
アンカリング効果	特定の数値が印象に残り、それが基準となって判断に影響を及ぼすこと。
心理的おとり	明らかに条件の悪いケースと比較すると、よく見えてしまう心理現象。
サンクコスト効果	別名、コンコルド効果。一度投資をすると、無駄と分かっていても追加投資をしてしまう心理現象。
ウィッシュフル・ヒアリング	期待をこめた聞き取りで、聞き間違いをすること。
マジカルナンバー４±１	一度に覚えられるチャンク（文字、数字の塊）の限界数を３〜５とした理論。
系列位置効果	リスト化されたものを記憶する場合、最初と最後が記憶に残り易い現象のこと。
初頭効果	最初に提示された情報が印象に残る現象のこと。
新近効果	別名、残存効果。最後に提示された情報をよく覚えている現象のこと。
エビングハウスの忘却曲線	記憶後の経過時間と再度覚えるのに短縮された時間（節約率）との関係を表した曲線。

展望的記憶	後でしようと思ったことを記憶する。その記憶のこと。
バンドワゴン効果	大勢の人が支持していると、それに追随しようとする人が増えること。
社会的証明	多くの人がしている行為は正しいと感じる心理現象。
傍観者効果	人が倒れている時、周囲に人が大勢いると傍観者になる心理現象。
反復書字法のスリップ	同じ文字を書き続けると、書き損じ（スリップ）すること。
近道行動・省略行為	手抜き（本来してはいけない）の行動・行為。
認知的不協和理論	矛盾した2つの情報があると、人は都合のよい判断をするという理論。
5S3定	5S：整理・整頓・清掃・清潔・しつけ。 3定：定位・定品・定量（定められた位置・定められた物・定められた量）。
割れ窓理論	「小さな不正を正すことで、大きな不正を防ぐことができる」という環境犯罪学の理論。

第2章　集中力を味方に　　　　　　　　　　　頁45

集中力×持続時間＝一定	集中力の高さと集中力の持続時間の長さの掛け算は、一定である。
フェーズ理論	意識レベルをフェーズ0（無意識）～フェーズ4（没頭）の5つに分けた理論。
マインドフルネス	"今この瞬間"の自分に注意を向けて、現実をあるがままに受け入れること。マインドフルネス瞑想は、それを実現する手段。
ツァイガルニク効果	作業の中断や目標の未達成時、緊張状態が続き記憶に残る現象のこと。

見せる化	見えているだけでは意識に残らない。見落とさず、一目瞭然にすること。
指差呼称	指差しと声出しで、集中力と記憶力をアップさせる方法。
運動性記憶	体を動かして覚える記憶のこと。

第3章　人を育てるこつ　どんな業務も人づくりが基本　　　　　頁65

N型モデル	教育（トップダウン）で自律を促し、訓練（ボトムアップ）で自立させる。
守<ruby>守<rt>しゅ</rt></ruby>・<ruby>破<rt>は</rt></ruby>・<ruby>離<rt>り</rt></ruby>	人材育成の要領　守：最初に真似て、基本を覚える。破：基本を覚えたら、仕事に工夫を加える。離：自分で考えて、自分なりの仕事をする。
感覚系学習回路	見る、聞く、感じるなど五感を通して脳に情報を入力する回路。
運動系学習回路	話や体を動かす時（脳から出力）に働く回路。
ラーニングピラミッド	7つの学習法を学習定着率で序列を付けて、ピラミッド型の図にまとめたもの。
IQ	Intelligence Quotient（知能指数） 頭脳の知的働きを測定する尺度。
EQ	Emotional Intelligence Quotient（知的指数：心の知能指数） 倫理観、やる気、思いやり、協調性、素直さなど集団活動で養われる能力。
SQ	Social Intelligence Quotient（社会脳：社会性の知能指数）　相手の立場で考える能力、思いやり、協調性など、人と人とのつながりに関係する能力。
ロールモデル	目標とする人物（尊敬する上司や先輩など）。

売れない劇団員の法則	一流の劇団員になるには、一流の俳優と一緒に仕事をするのが効果的とする法則。
ミラーニューロン	相手の行動を見た時、自分が相手と同じ行動をとっているかのように反応する神経細胞。
メタ認知能力	自分の言動を客観的に認知する能力。
ロールプレイング	役割交換（相手の立場）の模擬体験による教育。
トラブルシューティング	問題の根源を体系的に探索し、順を追って解決していく問題解決の方法。
3現主義	現場に足を運び、場を確認する。現物を見て、物を確認する。現実に目を向けて、事実を知る。
PBL	Problem Based Learning の略語。実務による課題解決型学習。
やる気−能力マトリクス	やる気と能力を数値化し、4つのゾーンに分けることで、改善が必要な人（やる気と能力が低い。または、やる気が高過ぎる）を抽出する方法。

第4章　働き方改革にモチベーション（やる気）アップは欠かせない　　頁87

アメとムチの法則	連続強化（アメだけ）と間欠強化（アメとムチ）で信頼関係を構築する方法。
即応性効果	"直ぐにほめる""直ぐに注意をする"ことが効果的とする理論。
バックワード思考	過去にこだわる思考。（例：弁解に終始する）
フォワード思考	将来を見据える思考。（例：人生はいつからでもやり直せると考える）
リフレーミング	物の見方や考え方のフレームを切り替えること。
ハーフフルのすすめ	コップに半分入っている水を「まだ半分ある」と、プラス思考で捉えること。
皮肉効果	嫌なことを考えまいと思えば思うほど、嫌なことを考えてしまう心理現象。

カウンタリング	脳内に浮かんだ嫌なことを "でも" と切り返すこと。
快適空間	現状の能力で実現可能な領域。目標を立てる必要がない。
挑戦空間	努力すればできる領域。設定した目標を行動目標という。
混乱空間	能力をはるかに超えている領域。設定した目標を結果目標という。
スモールステップの原理	小刻みに目標を立てて実行することで、高い目標を達成する方法。
SMART （スマート）	目標設定チェックのフレームワーク。 具体的（Specific）・測定可能（Measurable）・達成可能（Achievable）・現実的（Realistic）・期限付き（Time-bound）
期待価値モデル	"期待×価値＝やる気" の式を提唱した理論。
ラダー効果	概念をさかのぼることで、単純作業でもモチベーションをあげる方法。
リンク効果	仕事のつながりを理解して、やる気を起こす方法。
プラシーボ効果	別名、偽薬効果。ニセの薬でも、よく効く薬だと信じると、本当に効果が出ること。
ノーシーボ効果	無害なニセの薬でも、副作用があると信じると、本当に副作用が出ること。
一貫性の原理	自分の言動、行動、価値観に一貫性を保つように振る舞うこと。
コミットメント効果	自分で決めて宣言したことは最後までやり抜こうとする心理。
ピグマリオン効果	別名、教師期待効果。周囲からの期待が高いと能力が向上する心理現象。
ゴーレム効果	周囲からの期待が低いと、能力が低下する心理現象。ピグマリオン効果の対義語。

池ポチャの法則	してはいけないと思えば思うほど、してしまう確率が高くなる。
メタメッセージ	言葉の選び方、態度・口調・目線などで相手に伝わるメッセージ。
アロンソンの不貞の法則	初対面の時、さりげなくほめると、相手がよい印象をもつ。
つぶやき戦法	つぶやいたほめ言葉は、わざとらしさがないので相手が素直に受け止める。
ウィンザー効果	第三者を経由してほめると、相手が素直にほめ言葉を受け入れる。
シーソー戦法	自分を下げて表現することで、自動的に相手を持ち上げる話し方。
質問話法	ほめられても素直に受け取れない人に、質問で好意を伝える方法。
心理的リアクタンス	他人から行動を制限された時、自由を維持、回復しようとする心の動き。
希少性の原理	物の数量や期間、地域などを限定することで生まれる希少価値。
カリギュラ効果	禁止されればされるほど、やってみたくなる心理現象。
ブーメラン効果	相手を説得しようとした時、かえって反発をまねいてしまう心理現象。
ロミオとジュリエット効果	目標の達成に障害があると、かえって目標達成の意欲が高まる心理現象。
アンダーマイニング効果	内発的モチベーションが高い時の激励は、逆効果になる心理現象。
MUST−WILL−CAN	"MUST（するべきこと）−WILL（自分がしたいこと）−CAN（自分が頑張ればできること）"のベクトルを合わせ、方針をスムーズに展開するフレームワーク。

エンゲージメント	組織の目指す方向性と個人の目指す方向性が連動していること。
ホーソン効果	注目されると生産性が向上する効果が生まれる。
逆ホーソン効果	いちいち仕事に口をはさんでくる人がいると、やる気をなくす。
ポリアンナ症候群	自分の都合のよい面だけを見て、自己満足する心的症状のこと。

第5章　日常管理の先取りが無事故・無災害を実現する	頁131

正常バイアス	自分にとって都合の悪い情報を無視、過小評価する人の特性。
自己関連付け効果	自分に関係することは覚えている人の特性。
先輩語録10ヶ条	無事故・無災害の実現に必要な職場で徹底すべき10ヶ条。
ハロー効果	顕著な特徴に引きずられて、評価が歪められること。
メラビアンの法則	言語情報が聴覚・視覚情報と矛盾している場合、「視覚情報の印象が55％を占める」という法則。
なぜなぜ分析	"なぜ"を繰り返し、真因を突き止める手法。
TBM-KY	ツールボックスミーティングで作業前に現場にある危険を予知すること。
ハインリッヒの法則	「1つの重大災害の裏には、29の軽微な災害、300の"ヒヤリ・ハット"がある」という経験則。
ヒヤリ・ハット	ヒヤリとしたミスや異常、ハッとしたミスや異常のこと。
3行日記	3行で書く日記。ヒヤリ・ハットの収集、モチベーションアップに役立つ。

単純接触効果	繰り返しが心（記憶）に残る効果。
セブンヒッツ理論	同じ宣伝に7回接していると、購入する確率が上がるという理論
「報・連・相」5訓	1. 報告の速さを優先　2. 情報の共有化　3. 正確に報告　4. 分かり易い説明　5. 事実をありのまま
「思・聴・考」5つの姿勢	1. 思いやる姿勢　2. 傾聴の姿勢　3. 客観的に考える姿勢　4. 真因を見極める姿勢　5. リスクを見極める姿勢
リスク補償行動	リスクが低下した分を超えて、不安全な行動をとる心理現象。
システム思考	物事がどのように影響し合っているのかを明らかにする思考法。
NOT KNOWING 思考	「無知の技法」ともいう。検討対象に関する知識が少ない状態で考える思考法。
ゼロベース思考	既存の前提や常識にとらわれず、物事をゼロベースで考える思考法。
ミルグラム効果	上司の命令なら非論理的なことでもしてしまう心理傾向のこと。

第6章　品質不具合ゼロへの挑戦	頁179

フロントローディング	製品製造プロセスの上流設計で品質を作り込むこと。
良品条件アプローチ	良品しかできない生産プロセスを実現する手法。
フールプルーフ	作業者が操作ミスをしても異常につながらない装置（機構）。
フェイルセーフ	装置（機構）に故障が発生しても、安全が確保される仕組み。

フォールトトレラント	一部機能に障害が発生しても、残りの機能で運用ができるようにすること。
トレーサビリティ	逆探知力。不具合発生時に影響範囲の追跡を可能にする仕組み。
ダラリの法則	ムダ・ムラ・ムリに着眼して現場改善をすること。"3ム""3M"ともいう。
二項対立	表と裏、正義と悪、賛成と反対など、対立している二項を考える思考法。
AND 思考	対立した二項が両方とも成立する方法（win-win）を考える思考法。
リンゲルマン効果	集団になると、無意識に手抜きの心理が働くこと。別名、社会的手抜き。
御神輿組織理論	多人数で御神輿を担いでいると少しずつ手を抜く者が出て、やがて御神輿が倒れるという理論。
権威勾配	上司と部下、先輩と後輩など権威の高低で生じる勾配。
金槌の法則	人は自分の知識と経験を、妥当性に関係なく当てはめること。
俯瞰思考	鳥の目のように高い位置から全体を見回して考えること。
CRM	Crew Resource Management の略語。飛行機パイロットの権威勾配を適切にコントロールするために考えられた概念。
チーム思考	三人寄れば文殊の知恵。
ブレーンストーミング	1つのテーマに対して、チームで様々なアイデアを出し合う技法。
シミラー・アトラクション効果	同類同士で群れ、自分と考えが違う人は、仲間に入れない心理が働く。
リスキーシフト	グループの意志が、より過激的な方向にいくこと。

コーシャスシフト	グループの意志が、何もしない現状維持の方向にいくこと。

第７章　仕組みとチェックシートに頼り過ぎは危険！　　　頁219

特徴肯定性効果	存在しているものは、ないものよりずっと価値があるように感じられること。

第８章　難題の解決に役立つ思考法と発想法　　　　　　頁231

水平思考	問題解決のために既成の理論や概念にとらわれず、アイデアを膨らませる思考法。
哲学的思考	２千年を超える歴史を持つ哲学の考え方をビジネスに活かす思考法。
カクテルパーティー効果	自分が関係していること、興味のあることが聞き取れる心理現象のこと。
チョイス・ブラインドネス	合理的な理由もなく無意識に選択し、その理由を後付けで考えること。
四則演算思考	経験と知識の足し算・引き算・掛け算・割り算でアイデアを出す思考法。
ス キ ャ ン パ ー SCAMPER	代える（Substitute）・組み合わせる（Combine）・適応させる（Adapt）・修正する（Modify）・ほかの使い道（Put to other uses）・削減（Eliminate）・逆転（Reverse）・再編成（Rearrange）でアイデアを出す思考法。
「松竹梅」の思考法	松竹梅の三項で考える思考法。

さくいん

参考文献

注）URL は、2020 年 6 月時点のもの

＊1　ミスをしない人間はいない　芳賀繁 著　飛鳥新社（2001）

＊2　認知心理学　知のアーキテクチャを探る　道又爾 / 北崎充晃 / 大久保街亜 / 今井久登 / 山川恵子 / 黒沢学 著　有斐閣アルマ（2011）

＊3　お互いの「気づかい」が仕事の中断を減らして生産性を劇的に上げる
https://tonari-it.com/interruption-of-work/

＊4　錯覚の科学　クリストファー・チャブリス / ダニエル・シモンズ 著
木村博江 訳　文藝春秋（2014）

＊5　SINGLE TASK　デボラ・ザック 著　栗木さつき 訳　ダイヤモンド社（2017）

＊6　いくつもの作業を同時にしてはいけない 12 の理由
https://gigazine.net/news/20130616-12-reasons-to-stop-multitasking/

＊7　安全人間工学　橋本邦衛 著　中央労働災害防止協会（1984）

＊8　集中力　井上一鷹 著　日本能率協会マネジメントセンター（2017）

＊9　ヒューマンエラー防止のヒント　『安全衛生のひろば』12 月号
中央労働災害防止協会（2012）

＊10　脳を活かす仕事術　茂木健一郎 著　PHP 研究所（2008）

＊11　ムダにならない勉強法　樺沢紫苑 著　サンマーク出版（2017）

＊12　モチベーションの新法則　榎本博明 著　日経文庫（2015）

＊13　座右の寓話　戸田智弘 著　ディスカヴァー・トゥエンティワン（2018）

＊14　2008 年 10 月 13 日　日経新聞　教育欄「挑む」

＊15　みずほ銀行システム統合、苦闘の19年史　日経コンピュータほか 著
日経 BP（2020）

＊16　トヨタの自工程完結　佐々木眞一 著　ダイヤモンド社（2015）

＊17 医療安全推進者ネットワーク　特集：スペシャリストに聞く第40回
　　　「安全の仕組みの落とし穴」田中健次 著
　　　http://www.medsafe.net/specialist/40tanaka.html
＊18 コンサルタントの秘密　G・M・ワインバーグ 著　共立出版（1991）
＊19 失敗のしくみ　芳賀繁 著　日本能率協会マネジメントセンター
　　　（2013）
＊20 Think Smart　ロルフ・ドベリ 著　安原実津 訳　サンマーク出版
　　　（2020）
＊21 図解基本ビジネス思考法45　グロービス 著　嶋田毅 執筆　ダイヤモ
　　　ンド社（2017）
＊22 マーフィー「お金」と「幸せ」の法則　ジョセフ・マーフィー・インスティ
　　　テュート 編　きこ書房（2005）
＊23 脳科学がビジネスを変える　萩原一平 著　日本経済新聞出版社
　　　（2013）

「治に居て乱を忘れず」

出典：中国五経の一つ "易経"

　この言葉は「世の中が良く治まって平和な時でも、常に乱世になった時のことを考えて準備を怠ってはいけない」という意味である。

　会社全体では、重大災害・不具合が増加している場合でも職場単位で見ると、もう何年も重大災害・不具合が発生していないところが多い。職場内の小さなグループ単位で見るともっと顕著である。

　また、重大不具合・災害が身近で発生していても自分には余り関係ないと考えるのが普通である。つまり、重大災害・不具合が発生していない職場での安全・品質活動の活性化は、難しいのが現実である。

　「治に居て乱を忘れず」を念頭に、何も発生していない時こそ、各職場の状況に合わせて一人ひとりが安全・品質活動を "こつこつ" と実践し "先取り" "ボトムアップ" の風土作りに努力することが大切である。

著者紹介

早川　利文（はやかわ　としふみ）

1951 年 9 月	山梨県生まれ
1974 年 4 月	三菱電機株式会社に入社

原子力機器の開発設計をスタートに様々な業務（品証・生産管理・営業など）に携わる。

2009 年 4 月　三菱電機株式会社　電力産業システム事業本部　役員理事　電力技術部長

2010 年 4 月　三菱電機プラントエンジニアリング株式会社　代表取締役社長

2014 年 4 月　三菱電機プラントエンジニアリング株式会社　相談役

2016 年 7 月　TO21（トニー）代表

現場改善のコンサルタント業務、講演をおこなっている。

屋号の TO21 は、担当者の時代に福井県美浜町で仕事をした職場の愛称に由来している。

半世紀の反省から生まれた 仕事に役立つ知恵

2021 年 11 月 12 日　第 1 刷発行

著　者　早川利文
発行人　大杉　剛
発行所　株式会社 風詠社
　　　　〒 553-0001　大阪市福島区海老江 5-2-2
　　　　　　　　　　大拓ビル 5 - 7 階
　　　　TEL 06（6136）8657　https://fueisha.com/
発売元　株式会社 星雲社
　　　　（共同出版社・流通責任出版社）
　　　　〒 112-0005　東京都文京区水道 1-3-30
　　　　TEL 03（3868）3275
装幀　2 DAY
印刷・製本　シナノ印刷株式会社
©Toshifumi Hayakawa 2021, Printed in Japan.
ISBN978-4-434-29557-7 C2034